究極の
ボートレース
ガイドブック

ボートレース伝道師
永島知洋 著

日本文芸社

はじめに

ボートレース！

今やテレビ CM などでもよく目にすると思いますが、CM は何気なく見ているけどよくわからないと思っているあなた！　あの CM はなんなんだろう？　と思っているあなた！　そんなみなさんにボートレースの面白さ、そして楽しみ方を存分に知ってもらいたい！

私はボートレース芸人！　いやボートレース俳優⁉　いやボートレースアイドル……なんでもええわ！　ボートレースをこよなく愛する永島知洋と申します。

ボートレースと出会って、早二十数年……。ボートレースの面白さと楽しみ方を知りたければ、私にお任せあれ！

だからといって、これを読んだら舟券が当たるのかといえば、そういうわけではありません。そんな簡単に当たったら、私はいまごろ働いておりません！　あくまでボートレースの楽しみ方をこの本で知ってもらえたらと。

でも、やっぱり舟券を当てないと面白くない！

当たりを生み出すためのいろいろな見方を教えられればなと思っております！

　私がボートレースにハマったのは、最初に舟券を当てたからというわけではないのですよ。元々お笑い芸人としてコンビで活動していました。「ジャンファンカ」というコンビで、のちに「お先にどうぞ」というコンビ名に改名するのですけど……。

　あっ、どうでもいいですよね。いや、どうでもよくはない！

まず私がボートレースにハマったきっかけをお伝えしましょう。

　お笑い芸人だった私が所属していた事務所の繋がりから、あの演歌歌手・細川たかしさんの付き人をコンビでやらせてもらっていました。お笑い芸人として事務所に入ったのですが、勉強のためにということで演歌歌手の付き人……。はじめは意味がわかりませんでしたが、ひたすら当時の新宿コマ劇場とか梅田コマ劇場とか全国を細川たかしさんと一緒に回っていたわけです。

　そんななかで、運命的な出会いがありました。

　当時、私はハタチそこそこで、僕らの楽屋、大部屋には役者さんの先輩方がたくさんおられました。先輩方といっても時代劇が主なので、楽屋の年齢層もめちゃくちゃ高く、僕らなんて子役の次に若いぐらいの年齢でした。

　すると、出番の合間とかにスポーツ新聞を広げてオジさんがずっと何かを考えていました。

「先輩、何を見てるんですか？」と聞くと「ボートやボート」と返ってきました。

　私はそこで初めてボートレースという言葉を聞き、そこから一緒に新聞を見て、先輩には新聞の見方も教えてもらいました。

　ある日、福岡での公演のときのことです。場所は博多座でしたが、そのオジさん役者さんに、「今度の休演日、ボートレース見に行こうか」と誘われました。

　その時代、まだ携帯なんてなかったので、今みたいにスマホで簡単にボートレースを見られる環境なんてありませんでした。

　なので、そのときは新聞で見る選手名とたまに載る顔写真しか知らない私。もっぱら電話で実況放送が流れるのを聞いて、想像でしかレースを把握できない私でした。

初めてのボートレース生観戦、そりゃワクワクは止まりませんよ！　だって電話の音でしか聞いてなかったボートレースを初めて生で見られるのですから‼

　例えれば、ずっと SNS でしか交流がなかった顔も知らない女性と初めて会える感じ⁉　どんな例えやねん！

　休演日に向かったボートレース福岡。ここで私はボートデビューしたのです！

　初めて生でレースを見て、私はすぐにボートレースの虜になりました！

　なにがいいって、当たる当たらないの前にレースの迫力が凄すぎて一瞬でハマりました！

　モンキーターンと呼ばれるボートレースのターン技があるのですが、それを目の前で見てレーサーの素晴らしさにハマったわけですよ！

　もちろんお金も賭けるわけですから、肝心な予想も大事！
初めて目にするレースで初めての舟券購入！

　ああ、券売機！　舟券を買う機械に初めて触れる‼

　そう、マークシート！　舟券を買うときに予想を書く紙‼

　それに自分の予想を書き込んでいく……。

　最初は全てが新鮮ながらも、色々なことに手こずった記憶
があります。

　なので、皆さんがボートレース観戦時に少しでも手こずら
ないための助けになればと思って書きました。

　この本を読めば楽しくスムーズに舟券が購入できる、そん
な一冊になればと思っている次第でございます。

　それではみなさん、レッツ！ エンジョイ！ ボートレース！

第1章

ボートレースの基礎知識

第2章

出走表の見方
舟券の買い方

CONTENTS

第**3**章

予想の入り口
覚えておきたい
「セット舟券」のパターン

第4章 これを覚えたら一人前！知っておきたい予想ファクター

CONTENTS

COLUMN

ボートレースのヒント

究極のボートレースガイドブック

第**1**章

ボートレースを
一から学ぶ

ボートレースの
基礎知識

基礎知識が身に付いたら……

予想のテクニックを身に付けたい

第**2**章

いよいよレース
で舟券を買う

出走表の見方
舟券の買い方

一度読み終えて再び読み返したいと
思ったときのための本書のフローチャート

読み方フローチャート

第3章
予想の入り口 覚えておきたい 「セット舟券」 のパターン

もう一声

第4章
これを覚えたら 一人前! 知っておきたい 予想ファクター

いざ 実戦 検証

第5章
永島流予想で 舟券的中!!

出走表をじっくり読み込み 的中の快感に酔いしれろ

第6章
全国24レース場 &各地グルメ情報!

レース場ならではの 美味しいお楽しみ

第 **1** 章

ボートレースの
基礎知識

まず初めに〝ボートレース〟とはいったいどんなものなのか、初心者のあなたにもわかりやすく説明します。
知れば知るほど、水上の格闘技・ボートレースの底知れない魅力へ引き込まれていくことでしょう。
これであなたもレッツ!ボートレース!

ボートレースは何人で走る？
舟券は何種類？　いくらで買える？

　まずは、ボートレース自体を簡単に説明します。

　ボートレースとは６艇のボートが走る競走。

　１周 600 メートルのコースを３周回ってその最終的な順位を当てる！　それがボートレース！

　競馬とか競輪みたいに多くない。まずはそこに驚いてください！

　たったの６人しか走らないのです‼

その6艇を、

1着2着を順番どおりに当てる：2連単

1着2着3着を順番どおりに当てる：3連単

他にも予想の方法はありますが、基本的にはこの形で予想します！

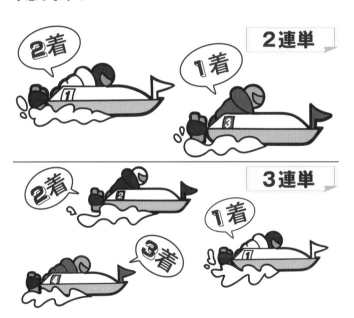

配当は低くなりますが、1着だけを当てる単勝という形もあります！

その場合は単純に6分の1、こりゃ当たりそうだ！

6艇で走るので、3連単全通りでも120点しかないのです。ボートレースの遊び方の基本は、その120通りの中に1つある当たりを探す推理ゲームです‼

　舟券は1点100円から購入できます！　その最低100円をいくらに増やせるか！

　自分のお財布の範囲内で楽しめるのがボートレース！

ボートレースの
ヒント①

『オッズ』

　自分の買った組み合わせが当たると、何倍になるかを示す数字です。

　舟券発売の締め切りまでこのオッズは変動します。買う人が多いほどその組み合わせは人気になりオッズが下がっていきます。その逆にあまり売れてない組み合わせはオッズの表示が高くなります。その高いオッズの払い戻しを高配当といいます。

　ボートレースの場合、100円が1万円になる100倍以上のオッズを万舟券（まんしゅうけん）といいます。競馬だと万馬券といいますね。

　自分の購入金額とオッズを照らし合わせれば、当たったらいくらの配当があるのかチェックできます。

　ただ、私はあまりオッズを見ないようにしています。なぜかというと、自分の予想した買い目があまりにも高配当のときにビビって購入金額を下げてしまうので、オッズを見ずに最初に思ったままの金額で購入するようにしています。思いもよらない高配当が来たときは、夢でも見ているような気分になれます。あまりなれることはありませんが……（笑）。

３連単の組み合わせは全部で

120通り

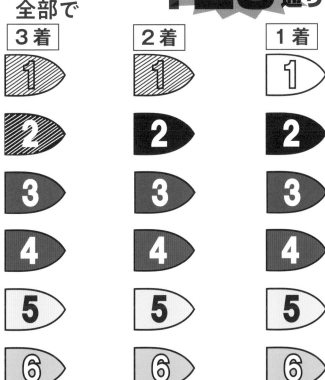

１～６号艇全てに１着の可能性があり、２着には１着に入った艇以外の５艇に可能性が、３着には１・２着に入った艇以外の艇に可能性があるため、

６通り ✕ ５通り ✕ ４通り

となる

ボートレースはいつ どこでやっている！？

　全国にボートレース場は 24 場あります。北は群馬県の桐生競艇場。南は長崎県の大村競艇場。

　レースは 365 日ほぼどこかで毎日開催されていて、 1 日 1 レース場で 12 レース行われます。

　レース時間帯は大きく 4 種類。

　朝の 8 時半ごろから 14 時半ぐらいまでの開催をモーニングレース。

　10 時過ぎから夕方 16 時半ぐらいまでの開催をデイレース。

　15 時ぐらいから 20 時半ぐらいまでの開催をナイターレース。

　そして 2021 年に新たに、17 時ごろから 22 時すぎまで開催するミッドナイトレースが作られ、一日の中でボートレースを楽しめる時間は長くなっています。

全国のボートレース場

❶桐生（群馬県）
❷戸田（埼玉県）
❸江戸川（東京都）
❹平和島（東京都）
❺多摩川（東京都）

❻浜名湖（静岡県）
❼蒲郡（愛知県）
❽常滑（愛知県）
❾津（三重県）

❿三国（福井県）
⓫びわこ（滋賀県）
⓬住之江（大阪府）
⓭尼崎（兵庫県）

⓮鳴門（徳島県）
⓯丸亀（香川県）

⓰児島（岡山県）
⓱宮島（広島県）
⓲徳山（山口県）
⓳下関（山口県）

⓴若松（福岡県）
㉑芦屋（福岡県）
㉒福岡（福岡県）
㉓唐津（佐賀県）
㉔大村（長崎県）

まずは近所のボートレース場に行ってみよう!

　ボートレース場に行ったことのない方はいろいろなイメージをお持ちだと思います。「怖そう」とか「汚そう」とか「危なそう」とか!?

　いえいえ、今のボートレース場に来てもらえれば絶対に皆さんのイメージは変わると思います!

　最近は綺麗になっているレース場も多く、子供の遊び場「モーヴィ」も併設されているところが増えてきていますので、お子さんを連れて家族連れで来られる方もたくさんいます!

　さらにレース場のグルメが最高!　全国のレース場の味をぜひ満喫してもらいたい。これはしっかりこの本の後半でご紹介します!

　では、さっそくレース場へ!　レッツ!　ボートレース!

ボートレース場は100円で入れます！

まず初めてのレース場観戦！　どこから入ればいいのか⁉

入口に行くとゲートがあります。そのゲートに100円を入れると入場できます。

まさに『100円で入れる夢の国へようこそ』となるわけです！

そして入場すると出走表という紙があります。

レース場によって置いてある場所は微妙に異なりますが、だいたい入ってすぐの所にあります。

これはなんと無料でもらえるので絶対に1枚取ってください。

その紙にその日の全てが載っています。

出走表とは、1日1レース〜12レースまで走るメンバー表ということです。

細かい見方はまた後半で説明します。

　その出走表を見てゾクゾクしだしたらもうあなたも虜です！　私は違う意味でゾクゾクしちゃいますけどね（笑）。

　とにかく、その出走表を取って好きな席に座ってください。

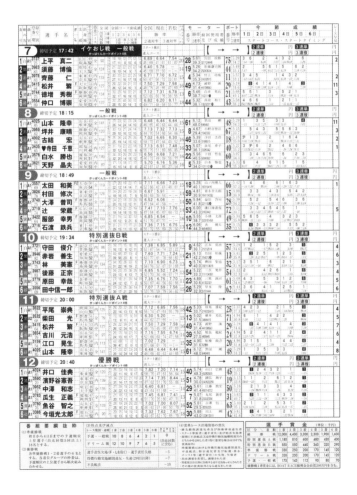

レース場に行けなくても
インターネットで楽しめる!!

　近所にレース場がなくて、なかなか行けない（涙）。そんな方もいるでしょう！

　しかし、今やYouTubeなどでもレースライブをしていますし、各レース場のホームページからもレースを簡単に見ることができます！

　そんな人が舟券を買うのに強い味方がいます！

「テレボート」

　電話、もしくはインターネットから舟券が購入できるサービスです！

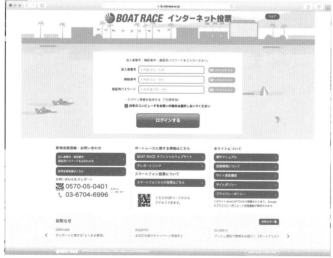

テレボート（BOAT RACE投票サイト）[https://ib.mbrace.or.jp]

　いろいろな銀行から登録できますので、ぜひボートレース公式ホームページから登録してください。もちろん、ネット投票も100円から購入できます！

　いや、待て待て！

　さっき言っていた出走表はどうすんだ⁉

　おまかせください！　こちらもボートレース公式ホームページや各レース場のホームページで見られます。

　そして、最近はいろいろなデータが載ったサイトやアプリもありますので、こういったものも参考にしてみてください。

　とりあえずこれであなたもレッツ！ ボートレース！

　さぁ、ここからがボートレースの開幕です！

BOAT RACE オフィシャルウェブサイト ［https://www.boatrace.jp］

まずは6艇のボートの色を覚えよう!!

　まずはボートレースを楽しむうえでの基本中の基本から覚えていきましょう！

　最初に覚えるのはボートの色です。

　1号艇〜6号艇で競うボートレース！　全国共通で色が決まっています。

> 1号艇：白
> 2号艇：黒
> 3号艇：赤
> 4号艇：
> 5号艇：黄色
> 6号艇：緑

　この色はどこのレース場に行っても変わりません。

　最初の最初はこれを覚えて好きな色から狙うのもあり！

　2010年代のボートレースCMでは南明奈さんが「どの色好きなの⁉」と言っていたぐらい！

　毎朝のいろいろな占いを見てラッキーカラーで勝負するのも良し！

　ちなみに私は緑が好きです‼

1号艇

2号艇
黒

3号艇

4号艇
青

5号艇
黄

6号艇

選手のクラスを覚えて、一目で 強い選手がわかるようになろう!!

　ボートレーサーは全体で約 1600 人。

　その選手たちは成績に応じてクラスが分かれています。

　選手には毎回走ったレースの着順で点数が与えられ、それ を**勝率**として換算します。

> 1着：10 点
> 2着：8 点
> 3着：6 点
> 4着：4 点
> 5着：2 点
> 6着：1 点

　この点数の平均が各選手の勝率となります。例えば 10 回 走って 1 着：4 回、2 着：2 回、3 着〜 6 着を各 1 回ずつだ と（10 × 4 ＋ 8 × 2 ＋ 6 ＋ 4 ＋ 2 ＋ 1）÷ 10 ＝ 6.90 と いう勝率になります。

（賞金の高い格上のレースにはプラス点あり）

　現時点では細かいことは気にせず、ざーっと覚えてくださ い。とりあえず選手には勝率があるんだということを知って もらえれば OK です！

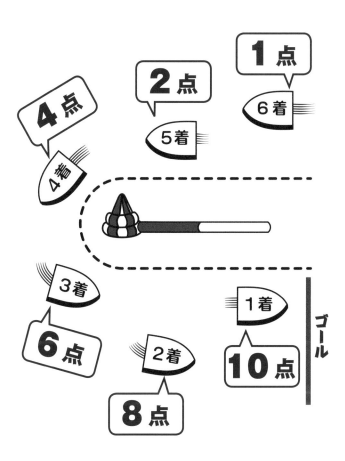

その勝率で選手のクラスが以下のように分かれます。

いちばん上から、

A1（全選手の 20%）
A2（全選手の 20%）
B1（全選手の 50%）
B2（全選手の 10%）

この４つに分かれています。

おおまかに言えば、A1 に格付けされている選手がいちばん上のクラスで、強い選手なのだなと覚えておいてください。

ボートレースの
ヒント②

『クラス』

　ボートレーサーのクラスは級別審査という審査で決まります。審査の対象期間は年に２回の期間に分かれており、前期が５月１日～10月31日、後期が11月１日～４月30日で、２連率、３連率、勝率などの成績で決められます。

　あとは出走回数も条件として課され、A1 は 90 走以上、A2は 70 走以上、B1 は 50 走以上が必要となっていて、フライング休みなどでこの回数をクリアできない場合は成績が良くても上位の級にはなれません。

　期末の４月と10月はボーダーライン上の選手は級別勝負駆けの時期！　「この選手は級を上げるための成績はどれくらいか？」というチェックもボートレースの楽しみの一つです。

賞金が高いレースには強い選手が集まる！
レースのグレードを知っておこう！

　ボートレーサーにもクラスがあるようにレースにもクラスがあります。

　上から順に SG・PG1・G1・G2・G3・一般戦です。

　最高峰には SG（スペシャルグレードレース）、競馬でいうところの G I 戦。この SG がボートレース界のいちばん上のレースです。

　グレードによってなにが違うか？

　まず一番に賞金が違います。12 月に行われるボートレース界の賞金王を決める SG グランプリは 1 着が 1 億 1 千万円！　1 レースのみの優勝賞金ですよ！　凄い！

　SG レースは年間に 9 大会あります。

　各 SG レースによって賞金は異なりますが、いちばん下でも 1 着賞金 1700 万円。平均すると 3000 万円程度です。

　そして、PG1（プレミアム G1）、次いで G1 戦と続いていきます。

　ただ、全レーサーが SG や PG1 に出場できるわけではありません。

　高額賞金レースに出るためには出場資格があり、そこにも

関係してくるのが 32 ページで紹介した選手の勝率なのです。

　こういった格上のレースには主に A1 レーサーが出場します。なので、とにかく A1 レーサーは凄いんだと頭に入れておいてください!!

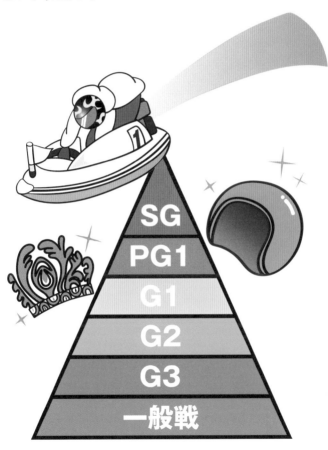

ボートレースは何日間やって
優勝者を決めている？

　ボートレースは概ね50人ほどの選手が一度に集まり、1日12レース×6日間連続でレースをして優勝者を決めます。

　とはいえ、最短は3日間、そして4日、5日の場合もあったりとケースバイケース。長いときは7日間開催もありますが、多いのは6日間開催です。その開催期間（1開催）のことを「節」といいます。

　ということで、ここでは6日間開催を例にあげて、どうレースが進行して優勝者が決まるのかを説明します（なかには例外的なレースもあり）。

　初日、2日目、3日目、4日目、5日目、6日目のうち、前半4日間で**予選**がおこなわれます。

　その4日間で、32ページで説明した着順別の点数を多く取った選手が5日目の**準優勝戦**というレースに出場できます。

　準優勝戦に進めるのは約50人中の18人！

　その18人のなかから勝ち上がった1着＆2着の選手が最終日（6日目）に行われる**優勝戦**というレースに出場できます。（12人で準優勝戦を行い、1～3着の選手が優勝戦に進むケースもあります）そこで1着になった選手が優勝！

　準優勝戦、優勝戦に出られなかった選手もその前のレース

で走ります。

　６日間の過程の中で良くなった選手、良くない選手を見極めるのもボートレースの醍醐味。自分の目を信じましょう！

　そして追いかける選手も信じましょう！

事前に決められた番号の ボートでレースをする

　まず、1〜6の枠番が振り分けられた各選手は、内側から1号艇、最も外側が6号艇でピットという待機場所にいます。

　そこから合図のあったタイミングでピットを出ます。これをピットアウトといいます。

　実はこの飛び出すタイミングが大事。

　ボートレースは事前に枠番は決まっていますが、コースはルールの範囲で自由にとることができるのです！

ボートレースの ヒント③

『ピット』

　ピットとはボートを綱でつなぎ停めておく場所で、本番ピットと展示ピットに分かれています。展示航走と呼ばれる練習時にピット離れが良くても、本番でピット離れが良いとは限りません！　本番も展示どおりのピット離れなのかを考えるのも予想の楽しみの一要素。

　1節間のレース開催中にピット離れが悪い選手と良い選手とがはっきりすることもあるので、展示からピット離れはしっかりチェックしておきましょう！

　ピット離れが悪いのは、モーターの回転が上がり切っていないとき、また伸び寄りの調整をしているときに起こりやすいと言われています。頭に入れておきましょう！

まずはこのピットアウト！　この良し悪しをレーサーやファンの方は「ピット離れが良い（悪い）」といいます。

　ピット離れが良いと外の枠番の人も内側のコースを取ることができたり、逆にピット離れが悪いと内側の人が外側のコースに回されることもあります。

　？？？　なんだそれは!?　と思う方が多いと思います！

　ボートレースを初めて見る人にとって最も難解なところがまずはここですね！

　勢いよくピットアウトしたと思ったら、すぐにスピードを落としてボートがゆっくりゆっくり進んでいく。

「何をしているの？　まだ始まってないの？」と、初めてレースを見る人はよくわからなくなるはずです。

　このゆっくりと進む時間からスタートするまでを「待機行動」といいます。この時間がコースを取るための時間なのです。だいたいピットアウトしてからスタートするまでの時間は1分40秒〜2分未満です。その間にコースを自由に取ってレーサーは自分のスタート位置を決めます。ここからスタートラインに向かう状態のことを「進入」といいます。

　ルール上は6号艇のレーサーが内側をとってもいいのです。待機行動はルールの範囲でコースを自由に取り合っている時間なのです。では、それほどコースというのは大切なのでしょうか？　このあと詳しく説明しますね。

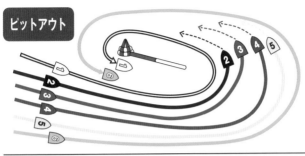

ピットアウト

待機行動

このピット離れなら2コースが取れるな……

スゥ〜

ボートレースの
ヒント④

『ピットアウト→待機行動→進入』

　元プロ野球選手広島カープの名キャッチャー・達川光男さんは、このピットアウトの瞬間に「カモーン！」と叫んでおりました！（笑）

　レースが始まったことには違いないのですが、そこからゆっくりになるので、カモーンと叫んだ達川さんは言いました。「全然スタートせんやないか！」

　そう言いたくなるのも理解できます。

ボートレースの基礎知識

1コースが最も勝ちやすい！
一つでも内側のコースが有利!!

　ボートレースは、1周600mの周回コースを3周して順位を決めます。

　レースは左回りで行われ、進行方向に向かっていちばん内側（左側）のことを**インコース**（1コース）といいます。

　続いてその隣を2コース、そして3コース→4コース→5コース、いちばん外側（右側）を大外6コースといいます。

　レースは6艇のボートが横並びで同時にスタートして、最初のコーナー（第一ターンマーク）を目指していくと考えると、最内のインコースが最短距離でターンマークを回ることができ、ターン後に先頭に立ちやすいコースといえます。逆にターンマークからいちばん遠い大外の6コースは距離的に最も不利といえるでしょう。また、インコースは先にターンマークを回ることで、ボートを失速させる引き波（123ページ参照）の影響を受けにくいという利点もあります。

　このように「インが強い」ので、基本的にレーサーは一つでも内側のコースを狙います。

　ただ、コース取りにはルールがあります。また、無理に内側に入ると肝心のスタートが難しくなることから（詳しくは52ページを参照）大体は枠順のままレースが行われ、この枠順のままコースに入ることを「枠なり進入」といいます。

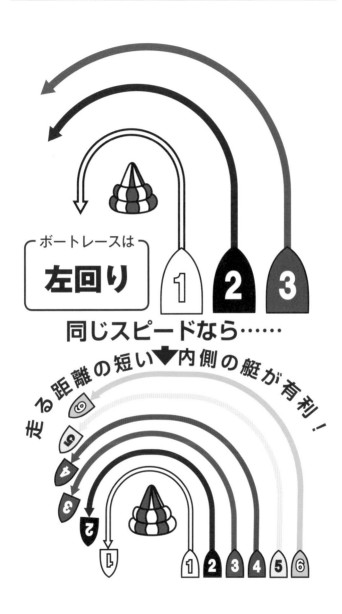

ボートレースは

左回り

同じスピードなら……

走る距離の短い → 内側の艇が有利！

スタートは大時計が
0秒を指した直後から！

　各レース場の真ん中ぐらいにめちゃくちゃでかい時計があります。

　これを「大時計」といいます。各レーサーはこの大時計を見てスタートします。

　大時計は白い針とオレンジの針が動きます。

　まず、白の針が動いている時間にレーサーたちはコースを取る。そして白の針とオレンジの針が重なったらいよいよスタートの準備。

　ここで、オレンジの針が動き出します。このオレンジの針

は1秒間隔で動いています。

　時計でいうところの45分の場所から動き出して、1周ちょっと回って12時直後のところでレーサーたちはスタートを決めるのです。

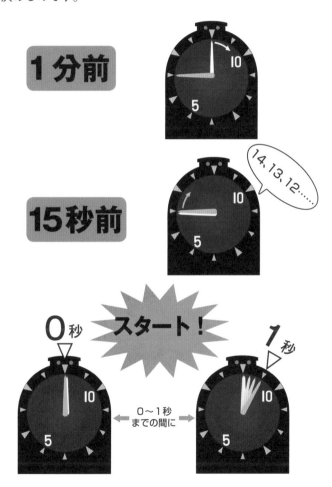

1分前

15秒前

14、13、12……

0秒　**スタート！**　**1秒**

0〜1秒までの間に

買っていたレーサーがフライングしても お金は返ってくるけれど……

　スタートは時計でいう 12 の位置 0 秒と 1 マス 1 秒までにスタートラインを通過しないといけません。

　0 秒より 0.01 秒でも早くスタートすると**フライング**になります。逆に 1 秒よりも 0.01 秒でも遅くスタートすると**出遅れ**になります。このルールのことを「フライングスタート方式」といいます。

　フライング・出遅れともに失格になって、そのレースでは欠場扱いになります。

　ただ、お客さんにはそのレーサーを購入した舟券分のお金は全て返ってきます。

　お客さんの立場からすると「お金が返ってくるなら問題なし！」とお思いでしょうが、レース場からすれば、いったん入った売り上げを返すということは利益が減るということにほかなりません。

　なので、フライング・出遅れをした選手には罰則が与えられます。

　フライング・出遅れを 1 本（1 回目）すると 30 日のレース出場停止期間が与えられます。

　通常、レーサーには 1 〜 2 ヶ月先の**斡旋**（出場レースの

※
出遅れは選手責任外の場合もあり、そのときは
出走表に表記はされるが出場停止にはならない

スケジュール）が組まれているので、その決まっていたスケジュールをすべて消化したら出場停止の休み期間に入ります。

　レーサーにとって出場停止とは無収入になるということですから、絶対に避けたいことですよね。ちなみにフライング・出遅れのペナルティは半年間（5/1 〜 10/31、11/1 〜 4/30）のなかで以下のように決まっています。

1本：30日
2本：60日
3本：90日

　さらに1本目の30日休みになる前の間に2本目のフライング、出遅れをしてしまうと30日＋60日＝90日の休みになります。これが3本となると30日＋60日＋90日＝180日で、半年間も無収入状態になってしまうのです。

　フライング・出遅れが、いかに重大な罰則なのかがわかると思います。

　レーサーはフライングはしたくないけど、ギリギリの早いスタートは決めたい。

　しかし、すでにフライングを1本している選手は2本目を恐れてギリギリのスタートが難しくなるということになります。

コース取りで大事なのが 42 ページで説明した「ピット離れ」！　ここで遅れてしまうと他のレーサーにコースを取られて枠番より外になってしまいます。

　逆にピット離れが良いと内側のコースを取れたりします。

　しかし、ここで一つ疑問が生まれませんか？

　内が有利でインコースが有利なら、なぜ全選手がインコースを狙わない!?　インが有利ならばみんな狙いたいでしょ!?

　ここで、ボーレースのスタート方法がまた独特だということに気付くのです！

　陸上競技とかみたいに「よーいドン」で一斉にスタートするなら、走る距離の少ない内側が絶対に有利です。

　しかし、ボートレースは 48 ページで説明したフライングスタート方式なので、内側が常に有利というわけではない。これがボートレースを初めて見る人が困惑する第2の関門になります。

　ピットアウトしてゆっくりボートが動いて、急に画面にでかい時計が出てきて、ボートを見たらなんか知らんけど3艇が前にいる。後ろの方には残りの3艇がいて時計が動くと同

時にボートが急にスピードを出して進んでくる！「いつがレースやねん！」そう言いたくなるのを説明しましょう！

　ピットアウト後に、レーサー達は42ページで説明した待機行動でコースを取ります。

　自分がスタートするコースを決めると、レーサーはボートを進行方向に向けます。この瞬間にコースが決まるのです。

　そして、スタート！　フライングスタート方式！　このスタートから実質的にレースが始まるわけです！

　さて、みんなインコースを取りたいのですが、ボートにはブレーキが付いていないのです。

　ということは、モーターはずっと動いたまま。車に例えると、ギアがドライブに入っているとちょっと進んでしまいますよね。

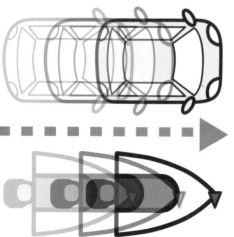

　ボートも同じ感じで常にゆっくり進んでいるものなのです。

　このボートの特性が影響してくるのが待機行動時のコース取りというわけです。

　外枠のレーサーがピットアウトから無理やりインコースを取りに行こうとすると、ボートも進む。

　先にインコースを取ってもボートはゆっくり進み、スタートラインに向かって進んでいくわけです。

　するとスタートしたい位置がスタートラインに近づいていき、助走距離がなくなるわけです。

　ボートはすぐにトップスピードになるわけではありません。助走距離が短いとスピードが乗らないままスタートしなくてはいけないので不利になるわけです。

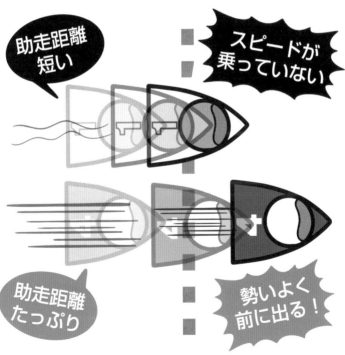

ボートレースは自由にコースを取ることができますが、スタート時のスピードも大事なので、レーサーは自分が最も勝ちやすいコースを取るわけです。

　なので、前に３艇・後ろに３艇いるのは、陸上競技のような「よーいドン」のスタートではないからなのです。

　ちなみにボートを後ろに引いてスタートすることを「ダッシュ」といいます。少しでも助走距離を長くしてトップスピードでスタートして内側のボートを追い抜きたいわけです。

ボートレースの
ヒント⑤

スロー６艇

　基本は３対３での進入ですが、オールスローという進入もあります。言葉どおり全艇がスローからのスタート。

　この進入は、外の５、６号艇が内側のコースを取りに動いたけれど、内側のボートが抵抗して入れてくれない場合に起こります。

　あとは６コースのレーサーが、ダッシュのスタートよりスローのスタートの方がタイミングを合わせやすいときなどに起こります。

　オールスローはイン逃げが決まりやすいと認識されていますが、どのくらいの位置なのかで状況は変わります！

　つまり、スタート展示と変わらない位置ならみんなスタートを決めやすいですが、展示と大きく違う位置からのスタートになると、スタートを遅れる可能性が高まり、そのときは外のボートのまくりが決まりやすくなります！

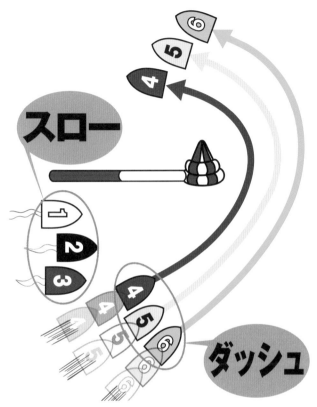

　では、内側のダッシュではないスタート位置を何と呼ぶ
か？　これは「スロー」といいます。

　ダッシュの選手は内側のスローの人達をスタートで攻めた
いのでこういう形の進入になるわけです。

「スロー3艇、ダッシュ3艇」これが基本的な形。

「コース取りとスタートからボートレースは始まる」と覚え
てください!!

モーターとボートはレース場に借り ていて、それぞれ微妙に性能が違う!?

　ボートレースで使用する**モーター**と**ボート**は一体ではなく、別々に存在します。

　ボートにモーターを取り付けるという感覚です。

　しかも、モーターとボートは各レース場のものでレーサー個人の物ではないのです。

　レースが開催される1日前に選手はレース場に入ります。これを**前検日**というのですが、そのときに選手はまず抽選をしてモーターとボートを借ります。

　この抽選がとても重要!　昔ながらの商店街とかで見かけるガラガラの抽選あるでしょ?　あれです、まさしくあれです!

　そこでモーター何番!　ボート何番!　というのを引いて、選手はその番号のモーターとボートを借りるわけです。

　ここで「なにがそんなに大事なの?　どれも同じものを借りるのでしょ?」と疑問に思ったあなた!

　実は同じように見えるモーターとボートですが、一つ一つ成績や性能が微妙に違うのです。

出走表には、選手の勝率と同じようにモーターとボートの勝率が示されています。

　出走表の見方は2章で説明しますので、ここではモーターの性能の差をわかりやすく説明しますね。

　友達と一緒に新車で原付バイクなり車なり全く一緒のものを買ったとします。

　そして隣同士で走っているとしましょう。

　信号が変わって一緒にスタートしても、なんかアクセルを踏んでも進みが隣より悪いとか、まったく同じ車種の原付バイクなのに、途中でスピードに差が出てくるとかあるのです。微妙な差ですけどね。

　バイクも車も乗ったことない！　というあなたは電動アシスト付き自転車でもいいです！

　必死に坂を漕いでいるのに、同じのに乗ってる人より登りがちょっと悪いとかありませんか？

　このように、全く同じように作っても個々の差が微妙に出たりします。

　ましてや、各レース場のモーターは60〜70機ほど一気に導入されるので、それだけの数があると、「性能が良い当たりモーター」と「性能の落ちるハズレモーター」の差が出ます。

　そして、毎回レースで使われて、その着順の良し悪しでモーターにも勝率の差が付くというわけです。

ちなみに勝率がいちばんいいモーターを『エースモーター』、最も成績の悪いモーターを『ワーストモーター』なんて呼びます。

選手はこの抽選で与えられたモーターを決まった範囲で整備することが可能です！　もちろん整備が得意なレーサーもいれば不得意なレーサーもいます。

　大変な整備をしても性能がアップする保証はありません。それなら、なるべく素性が良いモーターを引きたい。なので、レーサーもモーター抽選は気合い入れまくりなのです！

　少しでも良いモーターを使いたいし、なるべく悪いモーターは引きたくないですから！　なので、ガラガラを回す前にお守りを握ったり、いつも回す回数を決めていたりする選手もいます。直近の引きが悪いのでいつもより多く回したりする選手もいますね。レーサーも試行錯誤！

　実はこの抽選のシーンもボートキャスト（https://boatcast.jp/index.html）というサイトで見られます。ぜひご覧ください！

ボートキャスト

ボートレースの ヒント⑥

『ボートキャスト』

　ボートレースの動画サイトで「ボートキャスト」というサイトがあります。

　こちらは YouTube とは違う動画サイトで、リアルタイムでのレースライブはもちろんですが、その日のボートレースの最新ニュースも配信。さらに過去のボートレースの様々な番組も観られます。もちろん私の出演番組も多くあります！

　レーサーを覚えるならボートキャストで推しレーサーを探すのもアリ！　無料ですし、本当にオススメのサイトです！

そしてボート自体にも成績の良し悪しがあって、もちろん勝率が数字で示されます。ボートレースを楽しんでいる人の多くが「ボートの勝率」を軽視しがちなのですが、私はめちゃくちゃ大事だと思っています。

　なぜかというと、ボートはほぼ木で出来ているため、モーターは選手が手を加えて整備できますが、ボートは何も手を加えられないのです。レースで壊れたりした場合はボート交換になったりしますが、基本的に選手が性能向上のために手を加えることが何もできないのがボート。

　ボートもモーターと同様に年に一回あるモーターが新しくなるとき、同じ時期にボートも導入されます。何ヶ月かレースを重ねていくと、木で作られたこのボートにも勝率差がついてくるものなのです。

　モーターほどの大きな差はないのですが、なかにはバツグンに勝率の良いボートがある場合もあります。

　そのボートは要チェック！　モーターの勝率がちょっと悪くても、ボートの性能の良さがカバーしてくれます。

　なので、出走表を見て抜けた勝率のボートがあったら絶対にチェックしてください!!

　ただ、なぜボートに勝率差が出るのか、つまりどのような性能の差があるのかの明確な理由は分かりません。なので、レーサーもコメントで「ボートが良いのでしょうね？」とアバウトにしかコメントしません。逆に勝率の良いモーターを

引いたのに成績が悪いレーサーが「ボートが良くないのでしょうね」とコメントするときがあります。ボートの良し悪しはレーサーにも理由がわからない不思議なものなのですね。

　そして、もう一段階レベルアップ！　ボートはレース中に接触とかがあって穴が空いたり破損した場合は整備士さんが修復しますが、勝率の良いボートがそうなった場合、その修復後のボートの成績をさらにチェックするのもオススメです。
　いくら整備士さんがしっかりと修復しても、完全に元の状態までには戻らない可能性が高いと個人的には思います。なので、修復前の勝率をそのまま信頼してはいけません。それぐらいボートは木製なので繊細だと思ってください。

ボートレースって!?

- 舟券の予想は、

  1着2着を順番どおりに当てる／2連単
  1着2着3着を順番どおりに当てる／3連単が基本

- レース場に行けなくても、ネット投票のテレボートで100円から舟券の購入が可能

- 6艇で競うボートレース

  1号艇：白
  2号艇：黒
  3号艇：赤
  4号艇：青
  5号艇：黄
  6号艇：緑

  は全国共通

- 枠番は事前に決まっているが、ルールの範囲でコースは自由に選択可能

- インコース有利で、最も強いのは1コース

- スタートは大時計が0秒を指した直後から

- レース場に借りるモーターとボートが勝敗を左右する

第**2**章

出走表の見方 舟券の買い方

ボートレースを楽しむなら、やっぱり舟券を買って自分もレースに参加するのが一番!
ここでは、舟券を買うための予想に不可欠な出走表の見方と、マークシートを使ってレース場で舟券を買う方法を説明します。

ボートレースオフィシャル WEB の出走表を見てみよう

　それではいよいよボートレースの予想の仕方を説明していきましょう！

　予想のもとになるのは、ボートレースの情報サイト、予想アプリなどいろいろありますが、まずはボートレースオフィシャル WEB の出走表＆各レース場の入り口で配布されている出走表の見方をお伝えしましょう！

　まずはオフィシャルサイトの出走表から！

❶まずは枠番が書いてあります。

❷その横にレーサーの名前。

❸名前の上には登録番号＆ 34 ページで説明したレーサーのクラスが表記されています。A1 がいちばん上のクラスで強い選手ということですね。

❹そして支部、出身地、年齢、体重が記載されています。自分と同じ出身地のレーサーを応援するのもいいですよね。

❺次にフライング・出遅れの回数が表記されています。F1 と書いてある場合は 5/1 から、もしくは 11/1 からの半年の期間内でフライングをすでに 1 本持っていることになります。そうなると早いギリギリのスタートはちょっと行きにくいのかなと頭に入れましょう。F2 だともっとですね。

　L1 と書いてある場合は出遅れ1本ということです。とはいえ、出遅れはめったにないので書いてあることはレアケースだと思ってください。ちなみに私は出遅れの本数に関してはあまり気にしないようにしています。

2022年12月18日大村12レースGP優勝戦

枠	登録番号/級別 氏名 支部/出身地 年齢/体重	F数 L数 平均ST	全国 勝率/2連率/3連率	当地 勝率/2連率/3連率	モーター No/2連率/3連率	ボート No/2連率/3連率
1	3897 / A1 白井 英治 山口/山口 46歳/52.0kg	F0 L0 0.14	7.47 / 52.58 / 65.98	7.21 / 46.81 / 70.21	22 / 42.86 / 57.14	27 / 40.79 / 64.47
2	3779 / A1 原田 幸哉 長崎/愛知 47歳/52.0kg	F0 L0 0.11	6.98 / 46.83 / 60.32	8.00 / 67.95 / 81.41	41 / 45.12 / 60.98	53 / 53.52 / 67.61
3	4524 / A1 深谷 知博 静岡/静岡 34歳/51.5kg	F0 L0 0.14	7.31 / 46.46 / 62.99	10.66 / 75.00 / 87.50	50 / 44.71 / 62.35	56 / 47.83 / 60.87
4	4586 / A1 磯部 誠 愛知/愛知 32歳/52.0kg	F0 L0 0.14	7.90 / 54.26 / 72.09	6.65 / 29.41 / 41.18	29 / 40.24 / 63.41	60 / 40.00 / 54.67
5	4459 / A1 片岡 雅裕 香川/高知 36歳/51.5kg	F0 L0 0.12	7.25 / 54.92 / 69.67	7.23 / 61.54 / 76.92	20 / 44.21 / 67.37	19 / 45.71 / 62.86
6	4262 / A1 馬場 貴也 滋賀/京都 38歳/52.0kg	F0 L0 0.14	8.02 / 57.72 / 74.80	8.18 / 59.09 / 77.27	51 / 51.19 / 61.90	61 / 42.47 / 56.16

レースNo（艶番色）／進入コース／STタイミング／成績（今節成績）

枠	初日	2日目	3日目	4日目	5日目	最勝日
1	12 / 1 / .14 / 1	11 / 5 / .14 / 5	11 / 3 / .04 / 2	12 / 3 / .16 / 2	12 / 3 / .18 / 3	
2			12 / 2 / .14 / 1	12 / 5 / .12 / 6	12 / 1 / .08 / 1	
3			12 / 3 / .11 / 3	12 / 1 / .07 / 1	11 / 4 / .12 / 4	
4	12 / 4 / .09 / 4	12 / 4 / .10 / 1	12 / 5 / .18 / 2	11 / 3 / .12 / 2	11 / 3 / .11 / 5	
5			11 / 2 / .04 / 3	11 / 1 / .09 / 1	12 / 4 / .16 / 5	
6			12 / 1 / .20 / 4	11 / 5 / .10 / 4	11 / 2 / .06 / 1	

❶ 1
❸ 3897 / A1
❷ 白井　英治
❹ 山口/山口 46歳/52.0kg
❺ F0 L0 0.14

❻F・Lの表記の下にスタートの**平均スタートタイミング**が表記されています。これは 0.00 に近ければ近いほどスタートが早いということになります。

　なので、出走する６選手の中でスタートが早い選手を頭に入れて、とりあえずスタート隊形を簡単に頭の中でイメージします。ただ、あくまでも平均ですからボーッとイメージするくらいで大丈夫です。

❼そしてその横に全国の勝率。32 ページで説明した点数の平均です。

　全国勝率という数字はレーサーの能力を示す点数なので、この数字がいちばん高いレーサーが６選手の中では強いということになります。

　なので、クラスをチェックしてそのまま勝率もチェックすると、その選手の能力を理解しやすいと思います。

　次に２連率・３連率が表記されています。

❽２連率は２着以内に入る確率

❾３連率は３着以内に入る確率

　２連率は低いけど３連率だけ急に高いとか、その逆のパターンとかありますね。これでそのレーサーが３着までには結構入っているけど２着はちょっと少ないのかな？　とか、そのレーサーのクセも見えてくるのでしっかりチェックしましょう！

　ボートレースは６人で走るので、２連率の平均は 33.33％、

3連率は50.00%になるので、それより高いか低いかで選手
の力をおおよそはかることができます。

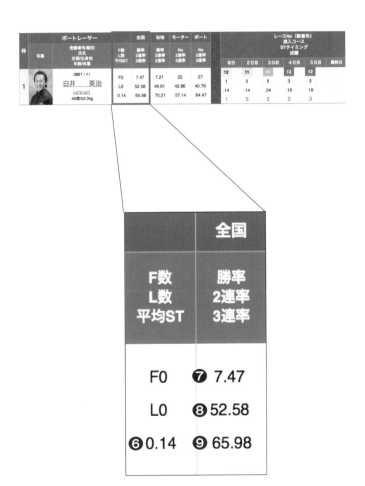

❿そしてその横には当地の勝率・２連率・３連率が表記され
ています。これはそのレースが行われるレース場の成績です。

　レース場は全部で24場。レース場によって様々なクセが
あります。

　そのレース場でそのレーサーは活躍できているのか、それ
とも苦手にしているのか⁉　それがしっかり数字に表れてい
ますので、これはしっかりチェックしてください！

　全国勝率よりもこの**当地勝率**が１点ぐらい高いと「得意
なんじゃないか？」と考え、逆に１点ぐらい低い場合は「あ
れ？　苦手なのかな？」とイメージしましょう。

　２点も低い場合はおやおや……と想像力は膨らんでいくわ
けです！

　そして、その横がモーターに関する部分です。これはしっ
かりチェックしましょう！

⓫いちばん上の数字はモーター番号。これが62ページで説
明したガラガラの抽選で出た番号です。

⓬その下に２連率・３連率が表記されています。

　この２連率の数字が高いモーターを好モーターといいます。

　なので、出走する６選手の中でまずは数字の高いモータ
ーをチェックするのが予想の第一歩。

　そして、３連率が高いモーターは３着までに入る確率が高
いということなので、レースで競ったときに競り勝つパワー
がありそうだなと思ってください。

　ただ、このモーターも1年ごとに交換されます。交換される時期はレース場によってバラバラです。

　今のモーターをどれくらいの期間使っているかは、レース場にある出走表で知ることができます！

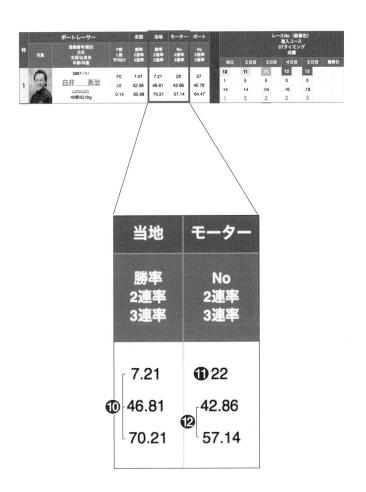

⓭モーター欄の横には、ボート番号、2連率、3連率が書いてあります。

　ここも6選手の中で高い人はチェックしておいてください！　64ページで説明したように、ボートはモーターと違って選手が整備できないので、数字が高いボートは何かが良いのです！　軽視しがちな数字ですが、ここもしっかりチェック！

⓮初日からの成績が載っています。

⓯どのレースに何号艇で出場したのか？

⓰その下に、レースで進入したコース、次にスタートタイミング、そして着順です。

　開催の後半の日程になればなるほどデータも集まります。例えば、とあるレーサーの平均スタートタイミングが0.16の場合、今節のスタートタイミングをチェックして、1走目から .17 .14 .10 をマークしたとすると、その3つを足して3で割ると 13.66……となり、普段よりちょっと早いのでスタートが決まっているのだなとか、逆に平均よりもタイミングが遅い場合はスタート勘が悪いのかな？　とかいろいろとわかってくるわけです。

　オフィシャル WEB サイトでもこれだけの情報が見られますので、とにかくまずは出走表でいろいろ想像してほしいと思います！

次はレース場に置いてある出走表でもう少し詳しく見ていきましょう！

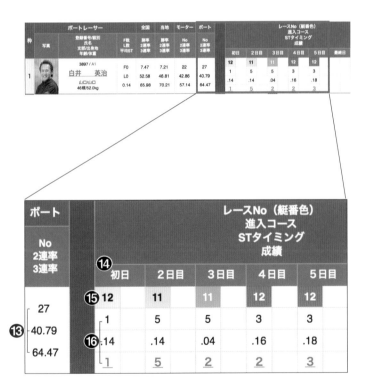

レース場が配布する出走表は 場ごとに情報の細かさが違う

レース場に行くと出走表は無料でもらえます。

だいたいどこでも入場口を入ったスグのところに置いてありますので、遠慮なくいただきましょう！

レース場は24場ありますが、各レース場によって出走表もそれぞれ違います！

基本的なことは一緒ですが、レース場によって情報の細かさが違います。

例えば、フライングを持っているレーサーのフライング休みが終わっているのかどうかなどの細かい情報を載せているレース場もあります。

スタートタイミングの数字は基本的に全国平均タイムですが、その当地のスタートタイミングが載っているレース場もあります。

ちなみに、レース場へは行かず舟券をテレボートで買う場合でも、各レース場のホームページで、現地で配られている出走表がダウンロードできるようになっています。多くの情報を得たい人は、ぜひホームページからダウンロードしてみてください。

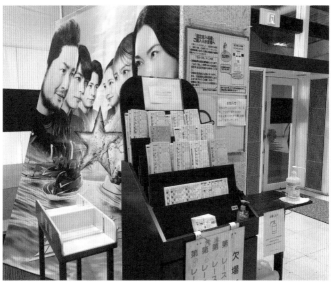

出走表 PDF は、各レース場のホームページからダウンロード可能

ちなみに私の見やすいレース場の出走表は、

　ボートレース下関：フライング休みの未消化レーサーが載っています

　ボートレース宮島：宮島での平均スタートタイミングが載っています

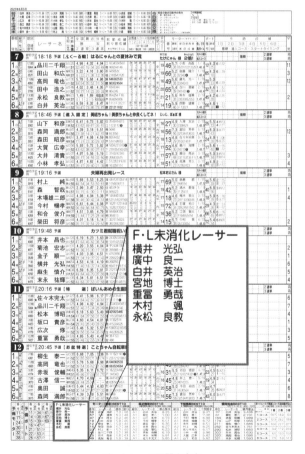

ボートレース下関出走表

その他にもレースの賞金や好モーターランキングなど、出走表でさまざまな情報が見られるので、舟券を買う買わないにかかわらず見ているだけでも楽しくなりますよ!

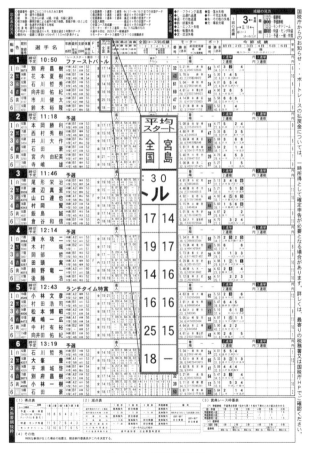

ボートレース宮島出走表

決まり手を覚えよう

　ここではレースの決まり手をご説明します！

　ボートレース場には２つのターンマークと呼ばれるソフトクリームみたいな赤と白のカラフルな置物が浮いています。

　その最初にあるターンマークを第１ターンマーク、その次にあるターンマークを第２ターンマークと呼びます。

　そのターンマークを目印にしてレーサーはターンをするわけです。

　聞いたことがある方もおられると思いますが、そのターンするときの技の呼び名を「モンキーターン」といいます。

　漫画やアニメのタイトルにもなったこの呼び名。ボートレースを知らなくても、今やパチンコ、パチスロでモンキーターンの台があるので、ピンと来た方もいるかもしれません。

　レーサーがボートの上で中腰になってターンする姿がサルに似ていることからその名が付けられました。

　中腰というか、もうボートの上で立ってターンしている感じです。

　モンキーターンしながらボートの前をちょっと浮かしてターンすると、ボートは水面との接地面が少なくなり、摩擦が少なくなってスピードが出るので、究極的に速いターンができるのです。

　今ではモンキーターンを進化させた「ウイリーモンキー」などという技もあります。

　レーサーは常日頃からどれだけスピードを落とさずターンできるかという究極のターンを追求しているのです。

　次のページからは、そのモンキーターン炸裂の決まり手をご紹介！

「決まり手」というのは勝つときの技の名前です。第1ターンマークの攻防でこの技が出て、決まり手になります。

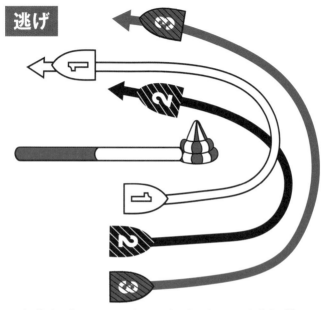

逃げ

　まずボートレースの中でいちばん多いのが**「逃げ」**。これはもう単純！

　インコース、つまりいちばん内側に入ったボートがスタートを決めて第1ターンマークを先に回る。そしてそのまま抜かれずに1着でゴール。

　まさしく文字どおり「逃げ」。他のボートから逃げる、イン逃げともいいますね！

　「逃げ」はボートレースの決まり手の中で最も多く出ます。

　スタートを決めて先にターンマークを回るといちばん有利なわけです。ちなみに他のボートよりも先に回ることを、ボート用語では「先マイ」といいます。

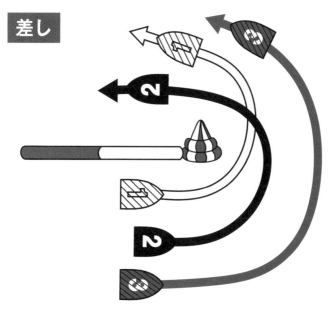

差し

「**差し**」はインコース以外のコースのボートに発生する決まり手です。

　内側を走るボートのそのまた内側をすり抜けていく勝ち方を差しといいます。

　内側1艇でも2艇で3艇でも、とにかく内側から勝つ決まり手です。

　差して勝ったときは「差し切った」などとも呼びます。

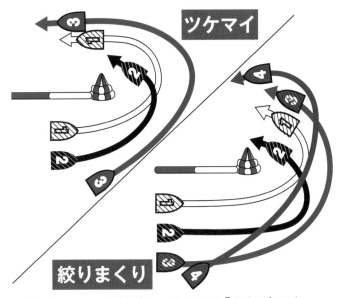

ツケマイ

絞りまくり

　ボートレースの醍醐味といえるのが「まくり」です。

　インコース以外ができる技、内側のボートに外から被せてターンして勝つ、これがまくり！　ボートレースファンの中でも抜群の人気です‼

　まくりにも種類がありまして、外のボートが内側の上を攻めて並んだ感じで最後に沈めるまくりを「ツケマイ」と呼びます。

　内のボートがスタート遅れて外側のボートがスタート後に内側をしめながら攻めていくのを「絞りまくり」などという言い方もします。

　まとめて外から攻めて１着で勝つことを「まくり勝ち」と呼び、私はいちばん好きな決まり手です。

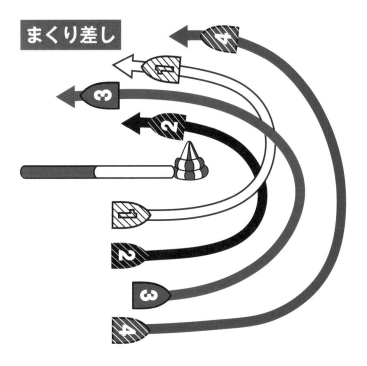

「**まくり差し**」は先ほど紹介した差しとまくりの合わせ技！　これぞ近代ボートレースの醍醐味！

　その名のごとく、まくって差す！

　内側のボートをまくりつつ、そのさらに内側を差します。

　あなたの買っていた選手が鮮やかにモンキーターンで突き抜けたとき、あなたに幸せが訪れるでしょう！

抜き

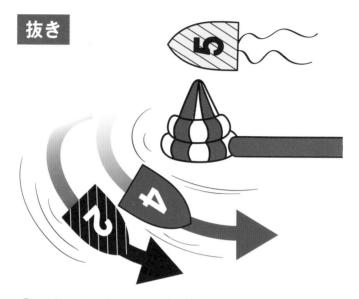

　「**抜き**」は第1ターンマークで決着がついたと思ったら、3周走っている間に抜かれて1着が変わる決まり手。

　後ろを走っているボートは先頭のボートが走って波が起きた荒れた水面を走らないといけないので、基本的に抜くことは難しいのですが、まれに起こります。

　私はこれで何回泣いたことでしょう……。

ボートレースの
ヒント⑦

『カド』

　カドとは進入コースが決まり、前にいるスロー組と後ろに引っ張ったダッシュ組に分けたときのちょうどダッシュ組の1番内側のボートのことです。

　最も多いパターンの進入である123と456で分かれた場合のカドは4号艇。12と3456と別れた場合が今流行りの3カドで3号艇。1234と56に分かれた場合は5カドの5号艇。12345と6に分かれた場合は6号艇がカドなのですが、6カドとは呼ばずに「単騎がまし」と呼ぶことが通称になっています。

　ちなみにカドの手前、スロー組の1番外側をカド受けといいます。

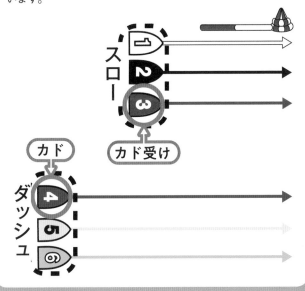

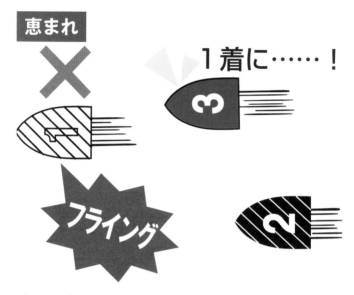

「恵まれ」も文字どおりでございます。

　ボートレースはスタートでフライングや出遅れが発生すると、その当該選手は失格返還欠場となります。

　ただスタートした瞬間にすぐにわかるわけではなく、半周ぐらいはわからないときもあります。

　例えば、逃げて先頭に立っていたボートが実はフライングだったと発表されると、1着を走っていてもその瞬間に走るのをやめてレースから外れないといけないため、後ろを走っているフライングしていないボートが繰り上がりで1着ということになります。

　フライングがあっても、しなかった選手はレースを続けますからね。言葉のとおり恵まれということです。

　自分の好きな決まり手を見つけて、ぜひレースを見て興奮してください！

　ちなみに私はまくりが好きですが、王道のイン逃げスタイルも大好きです！

ボートレースの
ヒント⑧

『上を攻める』

　外からまくって攻めることを「上を攻める」「上から攻撃する」などと玄人ファンやレース実況アナウンサーが表現することがあります。まくられたレーサーも「上を行かれた」とコメントすることがよくあります。

　この表現に対して「同じ水面上にいるのに"上を攻める"とはどういうこと？」と疑問に思う人もいるのではないでしょうか？

　これは単純にレースの見え方の問題です。我々はレースを手前（外側）から見るので、スタート時は最内の1号艇が上に見えています。そのまま1マークをターンすると、攻めるボートが画面上でもレース場でも上に行くように見えるわけです。「上を攻める」＝「外から攻める」だと覚えてください。

マークシートを
塗ってみよう

レース場や場外で舟券を買うのに必須なのは**マークシート**。

いまやスマホや PC などのネット投票が主流ですが、やっぱりレース場に行ったならば紙の舟券を購入したい！

そんなあなたはマークシートを塗ってみよう！

マークシートには種類がありますが、

・**連勝式投票カード**

・**フォーメーション・ボックス投票カード**

が主に使われ、あとは単勝・複勝の投票カードもあります。

連勝式投票カード

フォーメーション・ボックス投票カード

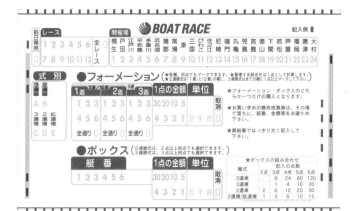

共通するのは、まずレース番号を記入すること。レースと書いてある箇所で今から買うレース番号に記入してください。

　そして開催場も今から買うレース場を記入。そして式別を記入します。5種類の中から選んでください。

　まずは連勝式投票カードで説明します。こちらは1点ずつの記入になります。

　式別を記入したら横の1列が買う数字です。

　3連単の場合、まずは1着を1〜6で選んで記入、その隣の枠が2着、そしてその隣が3着で同様にマークして3列になります。

　2連単、2連複の場合は横2列で終わり。3着の欄は空白でOKです。

　次にそこを記入したら金額をマークします。100円買う場合は、1・百と記入すればOKです。

　上段・下段とわかれているので上で3連単を買って、下で2連単という異なる式別を1枚で買うこともできます。

　右ページのマークカードは、平和島11レースで3連単の1–2–3を200円、1–2–5を100円、2–1–3を100円購入。また、2連単の1–2を200円、2–1を100円購入していることになります。

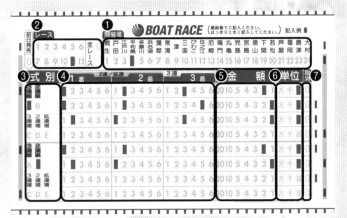

マークシートの書き方

❶開催場
購入したい開催場の下の数字を塗りつぶす。翌日のレースを買う場合はいちばん左の前日発売の下の枠を塗りつぶす。

❷レース
買いたいレース番号を塗りつぶす。

❸式別
購入したい舟券の種類の下のアルファベットを塗りつぶす。

❹1着・2着・3着
3連勝式なら3着まで、2連勝式なら2着まで、購入したい艇の番号を塗りつぶす。

❺金額
金額の上1（2）桁を記入する。10と2を塗りつぶせば12となる。

❻単位
希望購入単位を百円・千円・万円のいずれかから選んで塗りつぶす。

❼取消
間違って記入した際に塗りつぶすと、その行に書いた内容が、購入に反映されなくなる。

出走表の見方　舟券の買い方

次にフォーメーション・ボックスカードの場合の説明です。このカードを使うときは、フォーメーションかボックスどちらかでの購入となります。1枚で2種類は買えないのでご注意を！

まずはレース番号、開催場、式別を選んでマークします。次にフォーメーションで買うかボックスで買うかを選びます。

フォーメーションを選んだ場合

1着の枠に選びたい数字を何点でも記入できます。そして横の枠が2着、その横が3着でそれぞれ何点でも選べます。

6選手全てを買いたいときは数字の下にある全通りという枠を記入してください。

そして金額を記入します。金額は1点あたりの金額ですので合計金額は×点数分ということになります。

右ページのカードは3連単でフォーメーション1－234－234と買いたい場合の記入例です。

1着のところに1を記入

2着のところに2、3、4を記入

3着も2、3、4に記入

これを1点につき100円購入する場合は1・百と記入すると、券売機に600円と表示されます。

1–2–3、1–2–4、1–3–2、1–3–4、1–4–2、1–4–3を各100円ずつ購入するということになります。

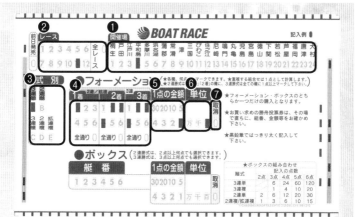

フォーメーションの買い方

❶開催場
購入したい開催場の下の数字を塗りつぶす。翌日のレースを買う場合はいちばん左の前日発売の下の枠を塗りつぶす。

❷レース
買いたいレース番号を塗りつぶす。

❸式別
購入したい舟券の種類の下のアルファベットを塗りつぶす。

❹1着・2着・3着
1着、2着、3着（連複の場合は1艇（枠）目、2艇（枠）目、3艇目）を、それぞれ1艇（枠）以上選択して、購入可能な組合せのすべてを購入する（重複する枠番の組合せは除外される）。3連勝式なら3着まで、2連勝式なら2着まで記入する。

❺金額・❻単位
金額、希望購入単位を百円・千円・万円のいずれかから選んで塗りつぶす。

❼取消
この枠を塗りつぶせば、その行に書いた内容は購入されなくなる。

ボックスを選んだ場合

　フォーメーションの下のボックスと書いた枠を記入します。

　艇番と書いてある数字を１～６のなかから選び、次に金額を記入します。ちなみにボックスの場合、

　３連単ボックス１つ（３艇を選ぶ）：６点

　４艇の場合：24点

　５艇の場合：60点

　６艇の場合（３連単全通り）：120点

　金額は１点当たりの金額で記入します。３艇を選び、１点それぞれ100円ずつ購入したい場合は１・百と記入すると600円の金額が券売機に表示されます。

　右ページのマークカードのように１、３、６とマークしていたとすれば、1–3–6、1–6–3、3–1–6、3–6–1、6–1–3、6–3–1を各100円ずつ購入するということになります。

　ちなみに単勝・複勝を買えるカードは限られた場所にしか置いてません。各レース場の案内係の人に聞いてください。

　これであなたも舟券デビューとなるわけです！　あせらずゆっくり記入しましょう！

　綺麗に塗りつぶさなくても券売機は反応してくれますので、塗ることに時間をかけすぎてレースの締め切り予定時刻に間に合わないなどということがないように注意しましょう！

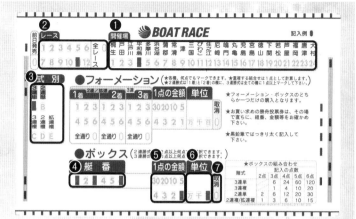

ボックスの買い方

❶開催場・❷レース・❸式別

一般（93ページ）・フォーメーション（95ページ）と同様。

❹艇番

3連勝式なら3艇以上、2連勝式なら2艇以上、購入したい艇の番号を塗りつぶし、選んだ複数の艇の、全ての組み合わせを購入する。6艇すべてを塗りつぶした場合、3連単で120通り（点）、2連単で30通り（点）となる。

❺1点の金額・❻単位

金額・希望購入単位を百円・千円・万円のいずれかから選んで塗りつぶす。3連単4艇ボックスで1点の金額を200円にした場合、24通りの組み合わせ×200円で合計4800円をマークシートといっしょに自動発払機に投入しなければ舟券は買えない。また、ボックス買いでは、組み合わせごとに金額を変えることはできない。

❼取消

間違って記入した際に塗りつぶすと、その行に書いた内容が、購入に反映されなくなる。

マークシートを使って
自動発払機で舟券を買おう！

　まずは真ん中の紙幣受取口にお金を入れます。もちろん硬貨も使えます。

　続いてマークカード挿入口に、記入した投票カードを入れます。

　すると画面に購入する組番と金額が表示されますので、正しければ発行ボタンを押してください。

　押すときは気合いを入れて当たる気持ちで押してください！「絶対に当たるんだ、俺は、私は当てるんだ！」と。ただ、強く押しすぎると突き指するかもしれませんので要注意です（笑）。

　最初に入れたお金で足りなければ追加入金できますし、発行を押す前にしっかり確認して、もしマークシートの記入を間違えていた場合は、カード返却を押してください。返却ボタンを押すとお金とカードが戻ってきます。発行ボタンは焦らずにしっかり確認してから押すようにしましょう！

　支払い清算ボタンを押すと投票券受取口から発行された舟券が出てきて、お釣りも返ってきます。
　絶対に取り忘れないように、しっかりと握りしめてくださいね！

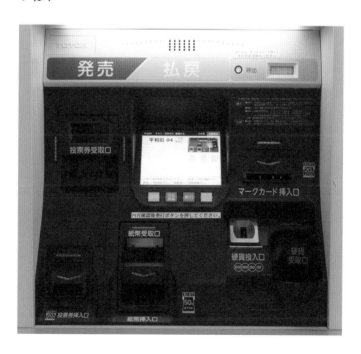

当たったら払い戻しで
至福の時を味わおう!!

　さて、見事に舟券が当たった場合のこともお伝えしておきましょう。大当たりした方のみに与えられる権利です！

　当たった舟券を握りしめて笑顔で自動発払機に向かいましょう。「俺はやれたんだ！　私は当たったんだ！」と。

　顔に出すぎても大丈夫です（笑）。勝ち誇ってください！

　自動発払機の左下に投票券挿入口がありますので、その勝ち誇った顔で、そこに当たった舟券を入れてください。

　すると画面に大当たりの表示と払い戻される金額が表示されます。それを確認して支払いボタンを押すとお金が出てきます！　もうその時点で最高の笑顔になることでしょう！

　あっ、すいません。ちなみにこの支払ボタンは当たってない方も経験できます。

　それは、レースでフライングがあったとき！　購入したレ

ースで自分の買っていた艇がフライングしてしまうと返還欠場になりますので、そのときは当たったときと同様に舟券を投票券挿入口に入れてください。返還される金額が表示されてお金が返ってきます。購入した買い目はハズレでも、くれぐれも舟券は捨てずに最後までお持ちください！

ボートレースの ヒント⑨

『大口払い戻し窓口』

　大口払い戻し！　夢の世界でございますが、100万円以上の払い戻しをよく「帯った」とか「帯」とボートレースファンの皆さんは言います。

　その100万円以上の的中舟券は、券売機に入れても払い戻しを受け取れないのです！　出ないのです！

　そのときに行くべき所が大口払い戻しの窓口！

　レース場によっては「大当たり」と書いた封筒にお金を入れてくれて、窓口のお姉さんから「おめでとうございます」と言ってもらえます（笑）。

　大昔の話ですが、私のお師匠・坂上忍さんに「これで舟券買ってきて」と的中舟券とマークシートを渡されて、私はそのまま発券機へ。すると「この舟券はお取り扱いできません」と機械からアナウンスが……。周りのお客さんから「あいつ帯ってるやん」みたいな顔で見られました。

　自分のじゃないのにあせりまくり。なんで機械に通らないのだろう!?　と舟券の金額を見ると……完全に帯った舟券！

　先に言うてくださいよ！　あのときに私も初めて機械に通らないことを知りました。

　夢の大口払い戻し窓口、いつかは行ってみたいですね!!

出走表を見て舟券を買う

・ボートレースオフィシャルWEBの
　出走表&各レース場の入り口にある
　出走表から、各選手のフライング・
　出遅れ、成績、モーター・ボートの
　成績などといったさまざまな情報を
　得ることができる

・レースの決まり手

　「逃げ」
　「差し」
　「まくり」
　「まくり差し」
　「抜き」
　「恵まれ」

　を覚える

・レース場・場外では、

　連勝式投票カード

　フォーメーション・ボックス投票カード

　などのマークシートに記入して舟券
　を購入する

第 3 章

予想の入り口 覚えておきたい 「セット舟券」の パターン

出走表の見方を覚えたら、今度は、どの情報を、どのように読み解けば、舟券的中に近づけるのかをご紹介。さらに、レース展開の基本パターンである〝3コースのまくり（差し）〟が決まったときに相手に来やすいコースも覚えましょう！

まずはモーターとボートの勝率をチェック！
さらにスタートタイミングも確認しよう!!

　それでは、ここからは実際にレースの予想をしてみましょう。

　まずは私なりの出走表の見方をお伝えします。

　とりあえず私がまずチェックするのは、当たり前ですが出走メンバー6人の顔ぶれ。

　強いA級レーサーの1号艇なのか？　それとも**センター**（3〜4コース）にA級レーサーなのか？　全員がB級選手のレースでも勝率差をチェックします。

　逆にA級選手でも最近の調子が悪くてB級選手並みに勝率の低い選手がいることがあります。でも、A級というだけで人気になります。こういう場合に高配当が出るので、しっかりとチェックしてください！

　SGやG1戦だと全選手がA級で強いので、インコースが人気になるケースが目立ちます。

　こうやって、おおまかに「荒れそうなのか？　それとも本命で決まりそうなのか？」を考えます。

　そして、モーターとボートの勝率をチェック！

　その6人の中で1番勝率の良いモーターとボートにチェックをします。そして、6人の中での2番目もチェックします。

番号	艇の色	級別	登録番号期別	選　手　名
6				締切予定 **17：44**
1	白	B1	4419 99	原　加央理
2	黒	A2	4947 119	間庭　菜摘
3	赤	B1	3580 70	水口　由紀
4	青	A2	3175 55	渡辺　千草
5	黄	A1	4590 105	渡邉　優美
6	緑	B1	4317 95	木村紗友希

全国		現在		若松	
勝　率					
2連対率		3連対率			
5.05		5.09		6.08	
29	53	27	50	41	66
5.47		4.80		4.77	
33	52	27	46	33	46
4.95		4.98		—	
28	49	24	43	—	—
5.41		5.11		5.75	
30	52	29	47	40	55
6.34		6.93		6.54	
45	65	47	71	43	64
4.65		4.26		4.00	
23	40	27	38	28	35

勝率差をチェック

	モ ー タ ー			ボート	
番号	勝率 2連率	前回使用者及び成績		番号	勝率 2連率
		【	→		→
25	4.52 25.0	粟田　祥 6535656566		30	5.00 35.2
37	5.14 30.4	加藤　優弥 16243556646		17❷	6.44 55.5
❷2	5.63 38.7	板倉　敦史 335412142532		13	4.74 29.6
33	4.89 33.3	青木幸太郎 4331363222		22	5.52 38.1
35	4.84 30.5	永松　良教 366666646		38	5.29 41.1
38❶	5.84 40.1	中辻　崇人 223121241110❶		12❶	6.77 50.0

モーター勝率をチェック

ボート勝率をチェック

モーターとボートの2つのチェックが重なったら要注目！

105

そうするとたまにモーターとボートのチェックが重なると
きがあります。その選手を私はかなり気にします。

　そのチェック作業が終わったら、各レーサーのスタートタ
イミングをチェック！
　平均スタートタイミングの早いレーサーをチェックして、
それから今節のスタートタイミングをチェックします。
　すると、自身の平均より早いのか遅いのかを判断できるわ
けです。
　平均よりも遅ければ、フライングを持っているかどうかを
見てみましょう。
　すると、「あっ、Fを1本持ってた」とか、Fを持ってな
いのにいつもより遅いと思ったら「モーターの勝率が悪いや
ん」とかいった気づきに繋がっていきます。
　もちろん最初にメンバーを見たときにまとめてフライング
の有る無しをチェックしてもOKです。
　ボートレースは基本的に6日間を一節として開催されます。
ですので、出走表を見て初日なのか4日目なのか、6日目の
最終日なのかで、また見方が変わってくるのです。
　日にちが経ってレース後半になるに連れて、いろいろなデ
ータが蓄積されていきます。
　そのなかで、調子の良いレーサーと悪いレーサーの成績差
が出てきますので、節間の成績もチェックしていくことにな
ります。

番艇号の色	級別	登録番号期別	選　手　名	F L	支部	出身地	年令前日体重		平均スタートタイミング
6			締切予定 **17：44**				か		
1 白	B1	4419/99	原　加央理		埼玉	埼玉	35 46	❷	16
2 黒	A2	4947/119	間庭　菜摘		福岡	福岡	30 47		18
3 赤	B1	3580/70	水口　由紀		滋賀	京都	50 48		19
4 青	A2	3175/55	渡辺　千草	F	東京	神奈川	59 48	❷	16
5 黄	A1	4590/105	渡邉　優美		福岡	福岡	30 47	❶	⑮
6 緑	B1	4317/95	木村紗友希		静岡	静岡	38 46	❷	16

ST が平均よりも遅ければ、フライングを持っているかどうかを見る

平均スタートタイミングの早いレーサーのチェック＆今節のスタートタイミングをチェック

今　　　節　　　成　　　績					
1 日	2 日	3 日	4 日	5 日	6 日
スタートコース・スタートタイミング					

）2連単		円	3連単		
2連複		円	3連複		

6 六⑮	1 ⑥ 二12 五18	5 ⑤ 三⑰ 四13			
6 3 四⑰ ⑧	4 ④ 二12 六12	5 ⑤ 五23 三⑰			
4 ⑥ 二19 六18	2 1 四⑨ 一12				
4 ③ 五18 三19	3 一18	2 ⑤ 二⑧ 六⑭			
1 ❶ 二⑪ 一⑭	3 3 五06 一⑧	1 ❶ 四⑪ 一12			
4 二⑧	4 ② 二13 五⑫	5 3 一12 二12			

◯ = 自身の平均よりも早いスタートタイミング

当地勝率の良い選手がセンターに いれば、人気薄でも狙いたい‼

　私は当地勝率もチェックします。例えば、全国勝率の高い
レーサーが１号艇だとしましょう。ボートレースはインが有
利なわけですから、もちろん１号艇に人気が集まります。

　ただ、センター３号艇や４号艇に当地勝率が高く、モータ
ーの勝率もなかなかいい、かつスタートも決まっているレー
サーがいたら狙いたい！

　１号艇がＡ級で、３・４号艇がＢ級ならなおさら！　こ
ういうときに穴が出たりしますのでそこは必ずチェック！

ボートレースの ヒント⑩

『レース場によってそんなに違うの？』

　レーサーにもレース場の得意、不得意があります。野球場
がそれぞれ個性的なようにレース場にも個性があるのです。
　例えば海水なのか淡水なのか？　海水は得意だけど淡水は
苦手なレーサーがいます。レース場の水面の広さによっても
走り方が変わるので、全速でターンしたいレーサーは広い方
がスピードを維持したままターンでき相性がいいなど。あと
はデイレースとナイターレースの得意不得意。風に弱いレー
サーもいれば、強風時のほうが成績の良いレーサーも。
　そこで役立つのが当地成績！　あくまでも参考程度ですが、
予想の際には活用しましょう！！

2022年11月11日 江戸川10レース

枠	ボートレーサー				全国	当地
	写真	登録番号/級別 氏名 支部/出身地 年齢/体重	F数 L数 平均ST		勝率 2連率 3連率	勝率 2連率 3連率
1		4822 / A2 百武　翔 佐賀/佐賀 29歳/51.5kg	F0 L0 0.17		5.06 29.11 49.37	4.88 12.50 50.00
2		5112 / A2 砂長　知輝 埼玉/埼玉 23歳/52.0kg	F0 L0 0.14		6.00 43.27 60.58	5.14 27.45 50.98
3		5083 / B1 柳瀬　幹太 山口/山口 23歳/52.4kg	F0 L0 0.18		4.04 15.05 31.18	0.00 0.00 0.00
4		5008 / B1 羽野　諒 福岡/福岡 25歳/52.0kg	F0 L0 0.15		4.62 23.33 45.56	7.00 33.33 83.33
5		5047 / B1 國分　将太郎 東京/福島 28歳/53.2kg	F0 L0 0.16		4.84 28.40 48.15	5.22 28.33 55.00
6		5073 / B1 上原　健次郎 福岡/沖縄 27歳/52.0kg	F0 L0 0.18		4.69 18.63 41.18	3.07 7.14 21.43

着順	枠番	ボートレーサー	レースタイム
1	4	羽野　諒	1'52"1
2	2	砂長　知輝	1'53"4
3	6	上原　健次郎	1'54"9
4	1	百武　翔	1'55"1
5	5	國分　将太郎	
6	3	柳瀬　幹太	

[払い戻し]

3連単	4-2-6	7110円
3連複	2=4=6	1820円
2連単	4-2	1420円
2連複	2=4	610円
拡連複	2=4	180円
	4=6	550円
	2=6	570円
単勝	4	840円
複勝	4	170円
	2	110円

109

選手ごとのコース別成績もチェック!!

　レーサーの**コース別成績**のチェックも欠かせません。

　レース場で配られる出走表の多くには、進入コースごとの2着までの回数とか3着までの回数が載っています。

　載っていないレース場もありますが、その場合はオフィシャルWEBでしっかりチェックしましょう!

　ダントツ人気になっている1号艇だけど意外とインコースの成績が悪いから穴狙いしてみようとか、逆に2コースや3コースが苦手だけど4コースのときだけとても舟券に絡んでいる選手が出走しているとか……いろいろな発見があるはず!

ボートはスロットルと呼ばれるレバーを左手で握るとモーターが動いて進む

コース別の成績をチェック

番艇の号色	級別	登録番号期別	選 手 名
4			締切予定 **16:52**
1 白	B1	4390 98	松本　弓雄
2 黒	B1	4691 110	水原　　慎
3 赤	A2	4171 90	榎　　幸司
4 青	B1	3537 69	田山　和広
5 黄	A2	3070 51	山室　展弘
6 緑	B1	4533 103	峰重　侑治

全国コース別成績					
1	2	3	4	5	6
上段…進入回数 下段…1・2・3着数					
選 ポイント2倍					
12	21	13	14	14	10
6	9	3	5	3	0
12	14	18	17	16	13
8	5	4	9	4	1
27	17	19	18	17	18
25	13	14	9	6	2
7	11	8	8	10	5
4	4	3	2	2	0
12	19	15	14	5	0
10	9	10	7	0	0
20	15	18	23	20	11
15	13	7	11	6	4

この出走表を見ると、1号艇は
B級の選手で、1コースでの3
着以内率が5割と平均を下回
ることから、穴狙いも視野に
入れたくなる。

予想の入り口

ボートレースの予想に欠かせない「風の状態」もチェックしよう‼

　風の状態を把握することは本当に大事なこと！

　まずは、どんな影響があるのか説明しましょう。水面の上をあの不安定なボートで走るわけですから、風の強弱はかなり影響することは想像に難くないはずですよね？

　まずは**ホームストレッチ**（スタートのときに走る手前の直線コース）が追い風のときを考えてみましょう。

　追い風が吹くとレーサーは後ろから風で押される状態になるわけですから、１マークのターンが流れやすくなります。なので、追い風になるとまくりで攻める３コースはターンが流れて攻めづらくなります。

　このことはレーサーもわかっているので、追い風のときはターンが流れないようにスピードを落として１マークを回るので、まくりが決まりにくくなります。

　その逆に差しの作戦を取ることが多いコース、つまり２コースとか４コースが比較的有利になると言われています。

　特に私がよく行くボートレース住之江は、３メートルぐらいの追い風だと、感覚的に２コースを狙いたくなります！

　とはいえ、みんなが比較的スピードを落としてターンする

予想の入り口

裏をかいて、目一杯レバーを握って回ってまくり（ツケマイ）を狙う選手がいることもあります。

　決まる可能性はけっして高くはありませんが、風に強い選手が３コースにいるときは、人気の１号艇をまくった３号艇が１着で高配当決着になることもないとは言えません！

あとはスタートも風の影響を受けるということを解説しましょう。

追い風の場合は後ろからの風に押され、無風時よりもボートが速く進むので、スタートラインに到達するタイミングが早くなります。

つまりフライングのリスクが高まるので、フライングを持っているレーサーは普段よりもスタート勝負することが難しくなります。

逆に1マークを回って**バックストレッチ**（ホームストレッチの反対側）になると今度は向かい風になるので、2マークは比較的ターンしやすい状況になります。

追い風のときは基本的に全てのコースが乗りにくくなるので、結果的に外コースの攻めが弱くなりイン逃げが多くなる傾向にありますが、差しの一撃があるのか？　イチかバチかのまくりで攻める選手がいるのか？　といったことを予想して舟券を買うこともボートレースの醍醐味です。

ホームストレッチで向かい風が吹いているときは、センターから外のまくりが決まりやすいと考えるのがセオリーです。

　スタートするときに風がボートに対して向かってくるので、助走距離の長いダッシュ勢がスタートスピードに乗りやすいのに対し、スロースタートのボートは助走スピードがつきにくいので、スタート後にスロー勢が遅れてまくりが決まりやすいというわけです。

　また、向かい風が強ければ強いほどスロー勢はスタートを決めにくいと言われています。

ボートレースの
ヒント⑪

『２マークで逆転の多いレース場はどこ？』

　淡水のレース場の中でも住之江、尼崎は特に２マークで逆転が多いイメージがあります。選手ではない僕らにはわかりませんが、この２つのレース場は淡水独特の硬さがあるようで、レーサーには水面が硬く感じられ、スタートした後やターンした後の引き波が残りやすいのと、２マークが狭いという点で、２マーク逆転の余地が大きいのでしょう。

　逆に海水のレース場は乗りやすいと言われ、２マークで逆転の印象は薄めですが、海水のレース場の中でも徳山は第２ターンマークの場所が独特なので２マークの逆転が多く見られます！　どう独特なのかというと、１マークよりバック水面側にズレているので、走る位置が難しいと言われており、２マーク最後まで諦めずに応援したいレース場です。

　まくりが決まりやすい理由は１マークをターンしたあと
も鋭角に戻ってきやすいということもあります。

　そして、向かい風のときの課題は２マーク！

　１マークが向かい風のときは２マークは追い風となり、こ
ちらは差しが効きやすくなります。レース場によっては２マ
ークで逆転の可能性が他の場より大きいところもあります！

　風速を気にするのは４ｍ～５ｍ以上からとお考え下さい。
３ｍ以下ならインコースも普通に走れるので、１号艇の逃げ
を最優先にお考え下さい！

風の重要性をご理解いただけましたか？

　レース場にもよりますが、海水のレース場は4m〜5mぐらいの風で水面に影響を与えます。淡水のレース場は2m〜3mの風でも影響が出てくると覚えておいてください。

各ボートレース場の水質

（勝率集計期間：2022/8/1-2023/7/31）

ボートレース場	水質	イン勝率	ボートレース場	水質	イン勝率
桐生	淡水	50.4%	尼崎	淡水	59.3%
戸田	淡水	46.1%	鳴門	海水	48.5%
江戸川	汽水	44.5%	丸亀	海水	56.2%
平和島	海水	47.2%	児島	海水	55.5%
多摩川	淡水	53.2%	宮島	海水	58.7%
浜名湖	汽水	53.8%	徳山	海水	64.1%
常滑	海水	56.6%	下関	海水	60.4%
蒲郡	汽水	54.4%	若松	海水	54.9%
津	汽水	58.4%	芦屋	淡水	61.3%
三国	淡水	55.8%	福岡	汽水	56.8%
びわこ	淡水	57.2%	唐津	淡水	54.5%
住之江	淡水	59.8%	大村	海水	62.1%

　レース場にいる場合は自分の身体で風を感じることができますが、自宅や出先で舟券を買う場合は、そのレース場のYouTube配信を見るのがいちばん！　リアルタイムの風情報を見ることができます！

　もちろんホームページにも風情報は出ていますが、その情

報はリアルタイムより少し遅くなってしまうので、やっぱり
YouTube ライブをオススメします‼

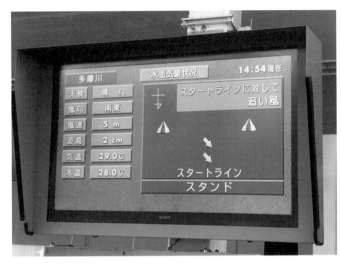

1号艇の信頼度を見て、次に3号艇が攻められるかどうかを考える!!

　さあ、ここからは出走表を見て具体的な予想方法を伝授しましょう!

　まず見るべきは、もちろんインコース!　だいたいはコースに動きがない（外枠のレーサーがインコースを取りにこない）場合は、1号艇がインコースでレースをします。

　多くのレースで1号艇が人気の軸になるので、1を信用するのかしないのかで狙い方が変わってきます。

　1が逃げると予想するということは外枠勢の攻めが不発ということ。

　逆に外枠勢の攻めがあると予想する場合にキーとなるのは何号艇のことが多いのか?

　現代のボートレースでは3コースの攻めが主流!　1号艇を負かすことができるか⁉　そこがレースのポイント!!

　なので、1号艇の次に3コース（多くの場合で3号艇）の選手もチェック!

　スタートが早くて攻めてきそうかどうかを確認しましょう。

2023年6月25日 芦屋1レース

枠	ボートレーサー		全国	当地	モーター	ボート	レースNo.（舷番色）進入コース STタイミング成績						早見
	写真	登録番号/級別 氏名 支部/出身地 年齢/体重	F数 L数 平均ST	勝率 2連率 3連率	勝率 2連率 3連率	No 2連率 3連率	No 2連率 3連率	初日	2日目	3日目	4日目	5日目	最終日	
1		3251 / A2 平石　和男 埼玉/埼玉 56歳/50.5kg	F0 L0 0.20	6.05 41.22 63.51	5.82 27.27 54.55	14 73.53 85.29	12 30.95 59.52							11R
2		3901 / B1 松田　憲幸 山口/山口 46歳/52.0kg	F0 L0 0.18	4.50 24.51 41.18	4.68 25.00 46.00	58 20.00 37.14	66 33.33 55.56	今						10R
3		4635 / B1 峰重　力也 岡山/岡山 33歳/53.8kg	F0 L0 0.13	4.58 23.68 43.42	4.44 22.22 44.44	29 25.58 41.86	16 31.18 40.5							
4		4508 / B1 野間　大樹 大阪/大阪 34歳/51.5kg	F0 L0 0.17	4.82 25.37 41.79	3.79 15.79 31.58	34 25.93 33.33	13 20.5 35.5							
5		4222 / B1 山口　高志 佐賀/佐賀 41歳/52.0kg	F0 L0 0.17	4.76 25.58 41.86	4.68 31.82 38.64	51 11.36 36.36	45 30.95 47.62							8R
6		5214 / B2 田中　宏典 佐賀/福岡 24歳/57.7kg	F0 L0 0.19	1.96 1.35 6.76	1.07 0.00 0.00	28 32.50 60.00	70 9.68 25.81							6R

3251 / A2
平石　和男
埼玉/埼玉
56歳/50.5kg
1

イン勝率の高い芦屋で、A級の平石選手が1号艇、ほかはいずれもB級とくれば、イン逃げで決まる公算大。

ボートレースのヒント⑫

『ドリーム戦』

　ドリーム戦とはSG、G1競走などの初日12Rのメインレースに設定されている得点水増しレースのことです。通常は1着だと10点のところがドリーム戦だと12点、2着：8点→10点、3着：6点→9点、4着：4点→7点、5着2点→6点、6着：1点→5点と各着順が点増しになります。

　ドリーム戦がなぜこれほど得点増しかというと、シリーズを引っ張っていくであろう豪華メンバーで構成されるからです。そのため、他のレースよりもレベルが高く順位が取りにくいので、こうした水増し得点になっているのです。

　近年のG1戦などでは、Wドリーム戦といって初日＆2日目の12Rに設定されている場合もあります。

３号艇の次に攻め手となるのはカドを取る選手。

　コースの動きがなければ４号艇が４コースとなります。

　主流な進入の３対３の場合は４コースがカドとなり、スタートダッシュでスピードが乗って攻められるかが予想のポイント。スタートが決まっていて展示タイムが良ければ注目！

　116ページから117ページで説明したように、風が向かい風ならなおさら注目度アップです‼

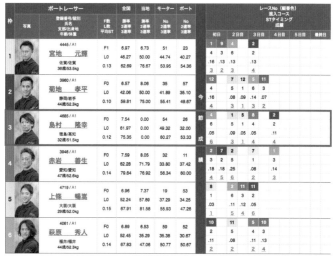

３日目まで、いずれもコンマ１秒を切るSTタイミングでスタートを決めている３号艇の島村選手が攻めてくる気配プンプン。

ボートレースの ヒント⑬

『引き波』

　引き波とはボートの走った後に出る波のこと。

　レースを見てもらうと、走ったボートの後ろに白い波が発生しているのがわかります。これを引き波といいます。

　ボートレースはこの引き波をどう避けて走るかが重要になります。なぜなら、引き波の上を走るたびにボートは失速するからです。静水面を走るときよりもプロペラが水をかけないので推進力が落ちてしまうのが理由です。

　２着争い、３着争いになると自然と前を走っているボートの引き波が増えるわけで、レーサーは走りにくくなります。

　ターンするときも先頭以外のレーサーは引き波が残り、ボートが暴れたり失速するのでターンもしにくくなります。

　いかに引き波をうまく超えるか！　これもレーサーの大きな技術力の一つです。

　ボートレースは競馬や競輪と違ってなぜ道中で１着が変わりにくいのか⁉　理由はこの引き波があるからなのです。

まくりが決まったときの予想方法！
よく出る「セット舟券」のパターン!!

　さぁ考えることが多くなってきましたよ！

　ここで、どういった組み合わせがレース展開の基本パターンなのかをお教えします！

　先にも書いたとおり、現代ボートレースの攻め手は３コースと言われています。３コースの攻め方としては、「まくり」そして「まくり差し」、この２つです。

　このどちらで攻めるのかによって、２着に来やすいコースが変わります。

　道中、レースは３周あるのでレース中に変わってしまうこともありますが、ここでは１マークの攻めを基本として覚えてください！

　３コースからの攻め方によって１号艇が２着に残りやすいパターンと残らないパターンに分かれます。

　ここからはスタートを決めて絞ってまくるパターン。

　そして人気の決まり手「まくり差し」について、それぞれ詳しくご紹介していきましょう。

　ツケマイというのもあります。こちらは右ページのコラムをご覧ください。

ボートレースの ヒント⑭

『ツケマイは内側のボートを引き波にハメる戦法』

　まくりとツケマイの違いを説明しましょう。まくりは外側のボートが良いスタートを決めて一気に前に出る攻め方。ツケマイはスタートが同体でも内側のボートと並んでいても内側の艇にピッタリつけて、一気に外を回り、ターンした引き波に内側のボートをはめてしまう攻め方です。

　主にツケマイを使うコースは3コース。スタートが123と内側が並ぶと、1号艇は2号艇が横にいるので3号艇が見えてない状態です。その見えてない所から1号艇のターンの上を全速でターンすると、1号艇がその3号艇の引き波にハマってしまいズルっと下がってしまいます。ハマり切れば1号艇は2着も苦しくなりますが、なんとか耐えて1号艇が2着に残り3-1という形になることもあります。

　基本は3コースの戦法ですが、たまに2コースから1号艇を引き波ハメるツケマイもあります。

1、2コースが完全にスタート遅れて3号艇がまくり切っ
てしまうと、内側2艇が引き波の影響を受けて2着に残る
のは相当厳しくなります。

　そういうときの2着には、まくった3号艇の外のボート
が来るのが基本のレース展開となります。

　まくった外ということは、4、5、6ですね。特に頻出す
るパターンは、隣の4号艇が付いてくるコースを狙う3–4で、
この形がスタンダードになります。

　カドの一撃が決まる場合も同じ考え方でOKです。

　4号艇がダッシュスタートから内側3艇をまくってしまっ
た場合は5、6が2着に来るのがスタンダードなレース展開。

　つまり4–5です。これを「セット舟券」と呼んでおります。

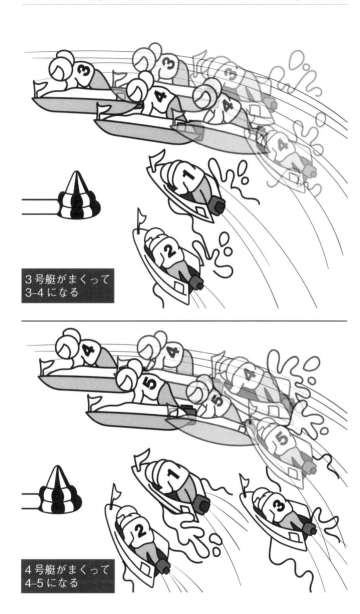

3号艇がまくって
3-4になる

4号艇がまくって
4-5になる

ボートレースの基礎知識

出走表の見方　舟券の買い方

予想の入り口

知っておきたい予想ファクター

水島流予想で舟券的中!!

全国24レース場各場クセ・情報

まくりが完全に決まれば、3–4 や 4–5 といったセット舟券で決着しますが、まくりを決めたボートの内側から差しを狙う選手もいます。

　まくった選手の外のレーサーにもチャンスが生まれます！

　いつもキレイにまくりが決まるとは限りません。内側のボートにちょっとでも抵抗された場合は、まくったボートもターンが膨らんでその内側に差し場となる空間ができるのです。

　その空間に入りやすいのがまくった右横のボートです！

　なので、まくったセット舟券の折り返しである 4–3（3–4 の逆）5–4（4–5 の逆）というセット舟券の裏表という決着のパターンもあるというわけです。

・捲る人の右隣がセットの相手

　これは絶対に頭に入れておいてください‼

3号艇がまくろう
とするも内側の
ボートに抵抗される

内側に差し場が
できて4-3になる

まくり差しが決まったときの予想方法！ よく出る「セット舟券」のパターン‼

　まくり差しは現代ボートレースにおける最も人気のある決まり手と言って過言ではありません！

　とにかく決まったときがカッコいいのです‼

3コースからのまくり差しの場合

　インコースと2コースの間を3コースから狙うので、比較的インコースは2着に残りやすくなります。

　その逆に、このパターンのまくり差しの場合は外のボートは行き場がなくなるので、まくり差しを狙うと3–1で決まる結果がメインになります。

　また、1号艇が膨らみすぎて、2号艇が2着に残る3–2も考えておきたいところです。

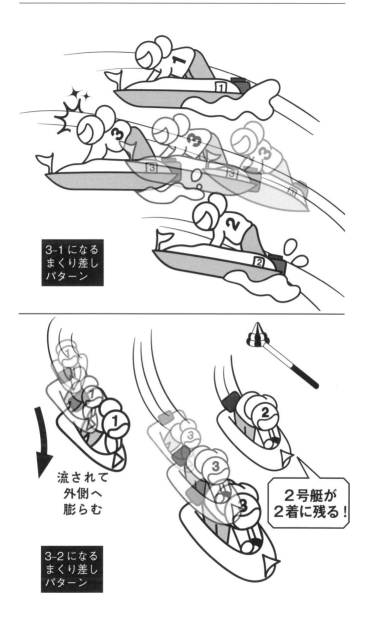

予想の入り口

131

カド４コースからのまくり差しの場合

４コースのダッシュからスタートを決めて攻めていく態勢になっても、１コースの選手もスタートを決めて、これはまくり切れないと判断したときに１号艇の内側を差すケースです。

このときも３コースまくりのときと同様に、やはり１コースのボートが残りやすくなります。

なので、まくり差しだと 4–1 で決まる結果がメインになります。

ダッシュから４コースの選手が攻めて、１号艇の抵抗にも負けずにまくり切ると、126 ページで説明したように、その外側５コースの選手、もしくは勝率の高いレーサーが６コースにいた場合はその選手の出番となるわけです！

繰り返しますが、

・攻めるボートの横がセット

これはとにかく覚えておいてください！

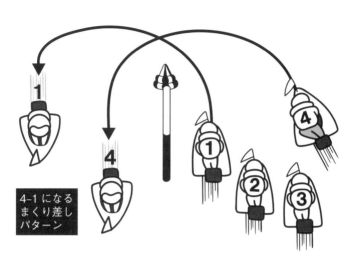

4-1になる
まくり差し
パターン

ここで簡単におさらいをしておきましょう。

初めての舟券を購入するときは、

要チェック！

まず1号艇が勝ちそうかどうかをチェック！

勝ちそうなら1号艇の1着を基本に2連単、3連単で相手を探す！

相手候補は105ページでチェックした○の2個重なっている選手が最有力！

1号艇が負けそうだと感じたら、3号艇（3コース）や4号艇（4コース）のまくり＆まくり差しのパターンを考える!! といった感じです。

とにかく、まずは100円で舟券を買って、そしてレースを見て興奮してみてください！

予想の流れ

- モーターとボートの勝率
- 各レーサーのスタートタイミング
- フライングを持っているかどうか
- 節間の成績・当地勝率
- レーサーのコース別成績・風の状態
- 1号艇の信頼度を見て、次に3号艇が攻められるかどうかを考える！

初めての舟券を購入するとき

- まず1号艇が勝ちそうかどうかをチェック！
- 勝ちそうなら1号艇の1着を基本に2連単、3連単で相手を探す！
- 相手候補はモーターとボートの勝率がともに上位2位以内の選手が最有力！

よく出る「セット舟券」のパターン

- 3コースがまくって 3-4 になる
- カド4コースがまくって 4-5 になる
- 3（4）コースがまくるも、内側のボートに抵抗され、内側に差し場ができて、まくったセット舟券の折り返しである 4-3（5-4）になる

- 3コースからのまくり差しでインコースが2着に残り 3-1 になる
- 3コースからのまくり差しでインコースが膨らみすぎると、2コースが2着に残り 3-2 になる
- カド4コースがまくりきれず、インコースの内側を差して 4-1 になる

第 4 章

これを覚えたら一人前！知っておきたい予想ファクター

スタート展示、周回展示、コース別成績、チルト……。ボートレースならではのこうした予想ファクターを押さえれば、これであなたもボートレース通。「チルトの魔術師」「前づけの鬼」「絶対王者」と称される名選手を覚えておけば、的中はもう目前！

スタート展示は
どうやって見ればいい!?

　ボートレースにとって大事なスタート。

　その事前練習をまず見せてくれるのが**スタート展示**。

　ここではスタート展示の私なりの見方を簡単にお教えしたいと思います！

　とにかく「スタート展示はボーっと見るべし！」

　ボーっととは!?

　とにかく全体6艇をボーっと！

　先入観を持って見ると、特定のボートだけに注目してしまうので、全体的にボーっと見ましょう。

　スタート展示とは「進入のコース取り」を見せてくれるもの。つまり、どのコースを取ってスタートするのかを見せくれます。

　ただここで注意しないといけないのは、このコース取りが本番で変わることもあるということ。

　スタート展示ではフライングをしても罰則はありません。あくまでも練習だからです。

　レーサーもスタート展示をし終えてピットに返るとスリッ

ト写真を見ることができます。その写真を見て自分がどれく
らいのスタートを行ったのか確認し、それを踏まえて本番に
修正してくるのです。

　レーサーのなかには、展示で遅れていた方が本番にスター
トを合わせやすいタイプや、ちょっとフライングしているほ
うが本番で合わせやすいタイプがいます。

　各レーサーの特徴を覚えてくると「このレーサーの展示の
スタートは早めだな」とか「このレーサーはいつもスタート
展示で遅れ気味だけど、遅れているくらいが本番はしっかり
と良いスタートを切ってくるな」とかがわかってきます。

　ここまで覚えられるともう完璧な玄人ファンです(笑)。

スタート展示のどこをボーっと見るのかといいますと、

・スタート遅れていたけどスタート後に前のボートに追いついていったな

・スタート早すぎたけど、そのあと追いつかれたな

・スタート後に追いつかれたボートは伸びがちょっと弱いのかな？

・追いついたボートの伸びが良いのかな？

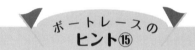

ボートレースの
ヒント⑮

『３カド』

　最近の進入で面白いのが３カド！多くのレースで123/456での枠なり進入になり４カドとなります。しかし、３コースのレーサーも一緒にダッシュに引っ張り12/3456という進入になり、ダッシュの最内が３号艇となることを３カドといいます。

　３カドのメリットは、もちろんダッシュ力を使って１番に攻めることができ、内側に２艇しかいないのでスタートが決まると一気にまくれるということ。

　ただ、デメリットもあって、スタートが決めにくいということ。単純にダッシュに行くだけではないのかと思われがちですが、３コースのダッシュと４コースのダッシュでは大時計の見える角度が全然違うみたいです。私たちファンにはわからない感覚ですね。

　よく３カドの戦法をとるレーサーを覚えてみるのも面白いので、みなさんぜひ探してみてください！

など、ぼーっとスタート展示を見てこういったことをチェックしていただきたい!

レーサーは「フライングしすぎると合わせにくいが、それでも遅れているときよりは合わせやすい」とよく言います。

遅れすぎているときは「本番でスタートを展示より早めに行かないといけない」「スタートを突っ込まないといけない」というコメントが出ますが、やはりスタートを突っ込むには勇気もいりますし、フライングのリスクも出てきます。

早い場合はそれを逆算して、ちょっと遅めにスタート行けばそれ以上早いスタートにはならないので、その方が合わせやすいといわれています。

スタートには風がもちろん大きな影響をもたらします。追

い風なのか？　向かい風なのか？　その風によってスタート
はどれくらい遅れているのか？　それとも早いのか？

　追い風状態でスタートタイミングが合っていないレーサー
は、本番時に難しい修正が必要になってきます。
　追い風ということは後ろから押されているわけですから、
いつも以上にスピードが出るので、無風のときのようにスタ
ート勘を合わせるのは難しい状況といえます。
　なので、追い風時にスタートタイミングが合っていないレ
ーサーは、本番も合わない可能性が高いかもな、というよう
な予想も成り立ちます。逆の発想としては「追い風でもスタ
ートがドンピシャの選手がいたら買い」とも言えますね。

　ちょっと難しいことを書いてしまいましたかね？
　最初のうちはスタート展示はとにかくボーっと見て、スタ
ート後にちょっと他のボートより出て行ったなとか、ちょっ
と下がったなとかをチェックしてみてください！

周回展示の見方

　スタート展示が終わり、そのまま始まるのが**周回展示**です。周回展示とは基本的にコースを2周回って（天候が悪いときは1周の場合も）、その走っている感じをファンの皆さんに見てもらうものです。

　このときにバックストレッチの直線タイムが計られます。これを「展示タイム」といい、ファンに公開されます。

　ファンの皆さんのなかでも、展示を「見る派」と「見ない派」に分かれますが、私は見たほうがいいと思います。そう、展示は見る派です！

　では、どういう見方をすればいいのか？

　正直なところ、人それぞれで正解はありません（笑）。

　ターンの感じを見てターンマークを外してないレーサーを見る人もいれば、ターンのスピードを見る人もいます。

　基本的に1マークでのターンを見ますが、2マークを見る人もいます。

　どこを見て予想の参考にするかは個人の自由！

　とはいえ、これではみなさんにとって参考になりませんね。

１マークはターンしたあとの進み具合を私は見るようにしています。

　回った後にグッと力強く出るような感じがあるかどうか。

　あと、私は淡水のレース場では、２マークのターンに注目するようにしています。なかでもボートレース住之江やボートレース尼崎は、特に２マークが乗りにくいと言われるレース場で、ここの２マークを綺麗に回れているレーサーはチェックするようにしています。

　初心者ファンを脱して各レーサーの特徴を覚えてくると「このレーサーはいつも展示でスピード落としてターンするタイプ」「このレーサーは展示もスピードに乗ってターンするタイプ」と記憶に残ってくるようになります。

　そうなるとまた周回展示の見方も楽しくなってきますので、ぜひ自分の見方を探してみてください。

展示タイムはどう予想に活かす!?

　展示航走（スタート展示→周回展示）が終わると各選手の展示タイムが発表されます。

　この計測方法はレース場によって違う場合はありますが、基本的にはバックストレッチ（スタートする方の反対側）の直線150メートルを走るタイムになります。

　そのタイムが速ければ速いほど直線の伸びが良いと判断できます。

　ただ、直線のタイムが良いから勝てるわけではないのがボートレース！

　なぜならレースは直線だけで行われるわけではなくターンもあるからです！　とはいえ、直線のタイムが遅いよりは速いに越したことはありません。

　レーサーによって、この展示タイムを気にするレーサーもいれば全く気にしないレーサーもいるのが面白いところです。

　レース場によっては**オリジナル展示タイム**というものを計測してファンに提供するところもあります。

　具体的には、展示タイム（バックストレッチの直線ラスト150メートルのタイム）のほかに、

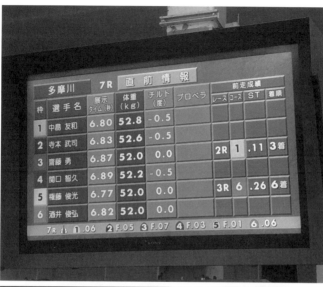

多摩川 7R 直前情報								
						前走成績		
枠	選手名	展示タイム(秒)	体重(kg)	チルト(度)	プロペラ	レース	コース	ST	着順
1	中島 友和	6.80	52.8	-0.5					
2	寺本 武司	6.83	52.6	-0.5		2R	1	.11	3着
3	齋藤 勇	6.87	52.0	0.0					
4	関口 智久	6.89	52.2	-0.5					
5	権藤 俊光	6.77	52.0	0.0		3R	6	.26	6着
6	酒井 俊弘	6.82	52.0	0.0					

7R 🚩 **1** .06 **2** F.05 **3** F.07 **4** F.03 **5** F.01 **6** .06

多摩川 7R 展示情報				
枠	選手名	展示	一周	まわり足	直線
1	中島 友和	6.80	37.13	5.95	7.07
2	寺本 武司	6.83	38.00	6.28	7.03
3	齋藤 勇	6.87	38.05	6.05	7.12
4	関口 智久	6.89	38.14	5.87	7.18
5	権藤 俊光	6.77	37.55	5.82	7.04
6	酒井 俊弘	6.82	38.16	5.95	7.11

※一周・まわり足・直線タイムは本場独自計測値です
※機械の故障等により、計測できない場合がございます

1位 2位

・一周タイム（1周したタイム）
・まわり足タイム（第1ターンマークの入り口から出口のタイム）
・直線タイム（ターンの出口からバックストレッチ中央までのタイム）

　それぞれのタイムを提示するレース場があります。
　よく言うのが「一周タイムはまぁまぁ気にしている」と。なので、私も予想の際に一周タイムは特に参考にしております。あとはまわり足タイムが良い2コースのレーサーとかはチェックしますね。

　周回展示のターン時にバタバタしていたのにまわり足タイムや一周タイムがあまり悪くないレーサーは要チェック！
　ターンでバタついていたのにタイムが悪くないということは、総合的にモーターがいいんじゃないかと判断できるわけです！

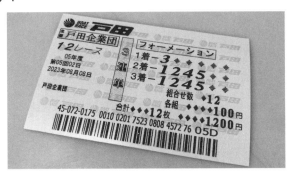

枠	選手名	一周	まわり足
1	白井一郎	37.34	5.39
2	黒田次晴	37.50	5.42
3	赤城雄三	38.31	5.40
4	青山四郎	38.68	5.43
5	黄　慎吾	37.42	5.36
6	緑川清六	38.79	5.38

コース別成績をチェックして 予想のレベルを上げよう!

　4章ではよりレベルの高い予想をして、よりボートレースを楽しむための方法を伝授していこうと思います。

　ここでは、各レーサーの簡単なクセの見方をお伝えします。

　3章で3コースの攻め方が現代ボートレースのカギと書きましたが、その3コースの攻め方の精度をどう見るか!?

　スマホやPCでボートレースのデータを見られるさまざまなサイトやアプリのサービスが提供されていますが、そういったもので私が見るのは「直近10走の枠番別勝率」です!!

　細かく当地だけの10走成績を見られるものもありますが、まずは最近の10走を見て、3コースのときに勝てているのか? それとも2、3着が多いのかを見ます。

　ここにヒントは隠れています!!

枠	選手名	10走	9走	8走	7走	6走	5走	4走	3走	2走	前走	枠番勝率	枠番平均ST
1	木村 浩士	1	2	1	1	1	3	2	4	1	1	8.60	.15
2	岡部 哲	5	5	4	5	3	2	3	5	3	4	4.20	.21
3	吉川 貴仁	2	5	4	1	4	3	3	4	1	2	6.40	.15
4	多羅尾 達之	5 3	5 3	6	4	2	3	3		1	3	5.50	.15
5	山本 兼士	4	5	3	3 2	4	5	3	3	6	2	4.80	.15
6	金児 隆太	2	5	6	2	5	5 2	3	5 5	4	5 5	4.70	.16

1 →コース (非表示は枠どおり)
1 →着 順 (半透明は4着以下) 1 →優勝戦 1 →準優勝戦 1 →ドリーム戦 →GⅡ以上は紫マス

ボートレースの
ヒント⑯

『舟が返ってくる／サイドがかかる』

　レーサーがインタビューなどでよく「舟が返る、返ってくる」と表現することがあります。舟が返るとはターンしたときに舟が流れていかずに、鋭角なターンができているということです。

　同じ状態を「サイドのかかったターンができている」と表現することもあります。「サイドがかかる」とは、ターンするときにボートの右側の部分に水の抵抗をかけることで、スピードを落とさずスムーズにターンできているということです。

　レーサーの「舟が返って来る」というコメントは、思い切って握ってターンできるような感じだと受け取ってください。

３コースから１着が多いレーサーは基本的にまくり差し傾向が強いレーサーで、２・３着が多いレーサーはまくり（ツケマイ）が多いレーサーと考えられます。

　なぜか？

　まくり差しというのはリスクもあって、突き抜けられれば１着が取りやすいのですが、インコースと２コースの間を狙うわけですから、引き波にハマって大敗するリスクもあるのです。

　よく私がYouTube配信などで言うのは「まくり差しのバイン」。

　引き波にハマってボートがバインとなってスピードが落ちると３コースのまくり差しは失敗に終わるわけです。

　一方で２、３着が多いレーサーの場合は「まくり」「ツケマイ」で内側のボートの外を攻めていく形で、キレイに決まればまくり一撃で１着！

　決まり切らなくても、しっかりボートが返ってくれば２着。誰かに差されても３着と大敗は避けられる。

　なので、過去10走を見て「まくり差し」と「まくり」、どっちの戦法を取る確率が高そうなのかを判断しましょう。

　これがある程度わかるようになると、予想の組み立てもしやすくなるわけです。

　３コースで戦うレーサーの攻め方をイメージできるようになると、ボートレース予想の面白さは倍増しますよ！

この枠番勝率での予想の組み立ては、もちろん３コースだけでなく、全てのコースで活用できます！

　まずは３コースで走るであろう選手の３コース成績をチェックしたあとは、インコースで走る選手のインコース勝率をチェックしましょう。

　しっかりと逃げ切れているのか!?　それとも逃げることができていないのか!?

　インコースで比較的２着が多いレーサーは、差されて負けている場合が多いと想像できます。

　２着でもなく、３着以下に負けていることが多いレーサーは、まくられて負けていることが多いと判断します。

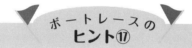

ボートレースの
ヒント⑰

『インコースが勝つ確率、２・３コースが勝つ確率』

2022年上半期・2023年下半期のデータでは、１コースの１着率は最も高い徳山が63.5%で、最も低い江戸川が44.8%。２コースは、最も高い江戸川が19.6%で、最も低い芦屋が11%。３コースは最も高い戸田が15.3%で、最も低い徳山が8.8%と、１コースと２コースには成績に大きな開きがあるのに対し、２コースと３コースではそれほど大きな差は見られません。

　ちなみに大外６コースは、最も高い平和島でも3.5%で、最も低い福岡は0.6%と、１着狙いはかなり難しい状況です。

続いては２号艇の２コース成績もチェック。

　勝てていないまでも、しっかり２着が多いレーサーの場合は２コースを苦にしないと判断してOKです。

　逆に３着にも絡めていないケースが多い選手は、２コースを苦にしていると考えられます。

　一流選手でも２コースだけ苦手という選手がけっこういたりするものです。

　４コースで２、３着が比較的多いレーサーは、３コースの攻めに乗って差しが多い選手と考えましょう。

　１着が多い選手は、ダッシュの４コースからまくって攻めるケースが多い選手と判断できます。

　５コースは基本的に展開待ちですが、２・３着が多いレーサーはまくり差しが上手に入っていると判断しましょう。

　６コースで３着が多いレーサーは最内をしっかり差してくる選手。レースで３周走る中でしっかり追い上げてくる腕があるという見方もできます。

　このように直近の枠番別10走でそのレーサーの最近の攻め方などが見えてくるので、しっかり確認して各レーサーのクセをチェックしてください。

　サイトによっては期別のコース勝率も出ていますが、勝率は悪いのに最近10走の成績はそこまで悪くないとなると、

今は調子が良くなってきたとか、モーターやプロペラの調整が上手く合ってきたと想像できます。

　逆に勝率が良いのに、そのコースの直近10走成績が悪いとなると調整が合っていないとも予想できます。

　まあ、ここまで見られるようになると、もはやプロレベルですな！　しっかりコース別成績をチェックして、頭の中でレースをイメージして、自分なりにレースを作ってみてください！　そこに答えが出てくるかもしれません！

ボートレースの ヒント⑱

『展開待ち』

　「展開待ち」とは、攻めてくれるレーサーの横のレーサーが言葉のとおり「自分にとって良い展開を待つ」ことです。

　基本的に外のコースのレーサーは展開待ちになることが多いもの。3コースが攻めていきその横4、5、6コースは3コースのレーサーがまくりにいってくれれば内側が空いてそこを狙う。もしくは攻めたけど抵抗されて空いたところを狙う。4コースのダッシュのカドが攻めてくれれば5、6コースのレーサーが展開を待つ。自力で攻めていけない場合がこの状態になります。

　外から勝ったレーサーが「展開が良かったですね」というコメントをするときは、内側の艇が攻めて、その空いたところを上手く狙えたということになります。

　また、レース前のコメントで「展開待ちになるので」と発言しているときは「スタートは揃うから自力でまくるのは難しい」とイメージしてることが多いです。

チルトってなに!?

　ボートにモーターを取り付けるときの角度をチルト角度といいます。

　チルト角度というのは、-0.5度がいちばん低く、そこから0度→0.5度→1.0度→1.5度→2.0度→2.5度→3.0度と角度を変えることができます。

　最初は丸暗記で、

・チルトの角度を上げる（跳ねる）と伸び型になる
・チルトの角度を下げるとボートが安定して乗りやすくなる

　と覚えてもらえれば結構です。

　モーターの取り付け角度を上げることによって、水面に対してボートの接地面が少なくなるので、チルトを上げれば上げるほど水の抵抗が少なくなって伸びるのです。

　ただ、水面に対して接地面が少ないということは操縦時の安定感が減り、ターンは難しくなるというデメリットがあります。

　それでも、チルト角度を上げてまくり1発を狙いたいレーサーもいるのです。

ちなみにレーサーのセッティングで1番多いのが-0.5度、次が0度です。

　0度にすると-0.5度より少しだけ伸びますが、あくまで乗りやすさを重視しているセッティングと考えてください。

　私的には0.5度から「このレーサーは伸びを意識してきたな」と考えて予想します。

　少し前に比べて、最近はチルト角度を上げて伸び型にするレーサーが増えてきました。

　その理由の一つにプロペラ制度が影響しています。

　昔は「持ちペラ制度」といって、レーサーは自宅などで自身が調整したプロペラを持ち込んでレースをしていました。

　しかし、「オーナーペラ制度」というルールに変わった現在は、以前と違って前もって調整したプロペラをレース場に持ち込むことができなくなり、レース場で与えられるプロペラをレース前日から叩いて調整する制度に変わりました。

　つまり、プロペラ調整の時間が少なくなり、プロペラの力で伸びを付けることが難しくなったために、伸びを付ける手段として「チルト角度を上げる」レーサーが増えたのです。

　しかし、チルト角度を上げれば即伸びが良くなるというわけではなく、やはりモーターやチルト角度にマッチしたプロペラに叩いて調整できなければ、チルトを上げるセッティングを活かすことができません。

枠	写真	ボートレーサー 登録番号/級別 氏名 支部/出身地 年齢/体重		全国 2連率 3連率	当地 2連率 3連率	モーター No 2連率 3連率	ボート No 2連率 3連率	レースNo（艇番色） 進入コース STタイミング 成績						早見
								初日	2日目	3日目	4日目	5日目	最終日	
1		3615 / B1 横田　　茂 広島/広島 50歳/51.0kg	F0 L0 0.16	4.73 26.13 45.83	5.61 40.68 61.02	44 37.62 58.42	51 40.00 53.85							11R
2		4652 / A2 酒見　峻介 佐賀/兵庫 37歳/52.0kg	F0 L0 0.16	5.82 39.17 57.50	5.90 45.10 54.90	72 24.76 36.19	19 28.36 53.73	今 節 成 績						10R
3		4952 / B2 吉武　真也 福岡/福岡 29歳/52.2kg	F0 L0 0.14	5.16 21.86 50.00	4.57 42.86 42.86	36 25.47 44.34	32 28.13 43.75							
4		4586 / A1 磯部　　誠 愛知/愛知 32歳/53.3kg	F0 L0 0.12	6.74 43.80 56.20	8.25 62.50 75.00	62 32.36 51.96	61 32.26 51.61							12R
5		4079 / A2 出畑　孝典 福岡/福岡 44歳/52.1kg	F1 L0 0.15	5.79 41.22 57.25	5.75 43.75 53.13	60 32.35 42.16	73 19.64 32.14							9R
6		3867 / A2 阿波　勝哉 東京/東京 50歳/53.1kg	F1 L0 0.16	4.65 15.58 48.05	0.00 0.00 0.00	12 29.52 47.62	41 37.25 49.02							

枠	写真	ボートレーサー	体重 調整重量	展示 タイム	チルト	プロペラ	部品交換	前走成績	
1		横田　　茂	51.0kg 1.0	6.80	-0.5			R 進入 ST 着順	
2		酒見　峻介	52.0kg 0.0	6.74	1.0			R 進入 ST 着順	
3		吉武　真也	52.2kg 0.0	6.74	0.0			R 進入 ST 着順	
4		磯部　　誠	53.3kg 0.0	6.72	0.0			R 進入 ST 着順	
5		出畑　孝典	52.1kg 0.0	6.76	0.0			R 進入 ST 着順	
6		阿波　勝哉	53.1kg 0.0	6.74	0.5			R 進入 ST 着順	

なので、ファンの皆さんはチルト角度をチェックするだけではなく、スタート展示でしっかり伸びていくか？　展示タイムは出ているのか？　などといったポイントをレース前にしっかりチェックすることを怠らないように気を付けてください。

チルトを上げているのに他のレーサーと展示タイムが変わらないときは、調整がうまくいってないのかと考え狙いを下げる。

逆に展示タイムがほかより出ているときは、しっかりと伸びているということなので狙い目といえます‼

枠	写真	ボートレーサー	体重 調整重量	展示タイム	チルト
1		岸本　　隆	54.9kg 0.0	6.93	-0.5
2		椎名　　豊	52.0kg 0.0	6.91	0.5
3		森高　一真	50.0kg 2.0	6.97	0.0
4		磯部　　誠	52.0kg 0.0	7.00	0.0
5		谷村　一哉	52.8kg 0.0	6.99	-0.5
6		渋谷　明憲	52.3kg 0.0	6.97	0.0

2023 年 7 月 31 日大村 12 レース

着	枠		ボートレーサー	レースタイム
1	2	4787	椎名　　豊	1'49"8
2	3	4030	森高　一真	1'51"0
3	4	4586	磯部　　誠	1'52"6
4	6	4436	渋谷　明憲	1'53"5
5	5	3961	谷村　一哉	
6	1	3830	岸本　　隆	

	スタート情報	
1		.17
2		.12　まくり
3		.04
4		.02
5		.01
6		.04

ボートレースの
ヒント⑲

『チルトの上限角度はレース場によって違う』

　チルト角度の制限は各レース場によって違います。その理由は簡単に言うと、レース場の広さに関係しています。

　−0.5度は全レース場一律の最低チルト角度です。

　チルトを上げられるマックスは3度ですが、この角度上限はレース場によって違いがあります。

　チルトを上げると水面とボートの接地面が少なくなり、伸びは出るけれど乗りにくくなります。つまり、操縦しにくくなったときの安全面を考えての上限設定となっているところが多いのです。各レース場の広さや、事故に対する考え方がこの制限差を生んでいると言えるでしょう。

　ちなみに最も水面が狭いと言われるボートレース戸田のチルト上限角度は0.5度まで。ボートレース桐生も上限が低くて1.0度まで。続いて住之江、若松、福岡、大村は1.5度まで。江戸川、徳山は2度まで。浜名湖は2.5度まで。あとのレース場が3度までとなっています。

　ちなみにびわこは2022年までは2.5度が上限でしたが、2023年から3度まで使用できるようになりました。選手のなかで3度が流行ってきているのが影響しているようです。時代の流れに合わせて、今後も3度に上限を上げるレース場が増えるかもしれません。

チルトの魔術師・菅章哉

　チルト角度の説明をしましたが、ここでチルトを上げて活躍する伸び仕様のレーサーを紹介したいと思います。

　このチルト角度を自在に操り、プロペラも合わせ、モーターの伸び足にこだわりを持つ男、その名も菅章哉選手！

　チルト角度をマックスの３度にすると伸びはつきますが、とにかく乗りづらい！　操縦しにくい！　ターンができない！　しかし、菅選手はそれをしっかり乗りこなし、今や「チルト３度といえば菅章哉」と呼ばれるレーサーなのでございます。

　もちろん、いくら３度のセッティングにしても伸びないときもあります。そんなときでも、プロペラとのマッチングを追求して伸び仕様に仕上げてきます。

　さらに、３度がダメなら1.0度や1.5度と、いろいろな角度で最も伸びる仕様を探す！

　まさに「チルトの魔術師」と私は勝手に呼んでいます！

菅章哉 期別成績　集計期間：2022/11/01-2023/04/30

勝率	7.18	2連対率	57.30%
3連対率	71.32%	出走回数	143回
優出回数	7回	優勝回数	2回
平均スタートタイミング	0.15	フライング回数	0回
出遅れ回数 (選手責任)	0回	能力指数	60
1着	39.2% (56回)	2着	18.2% (26回)
3着	14.0% (20回)	4着	9.1% (13回)
5着	11.2% (16回)	6着	8.4% (12回)

　レースに出ても、菅選手のなにが凄いってチルト3度にしてもターンがしっかりできて、道中で他のボートと競えることです。

　過去にもチルトを上げて外から勝負するレーサーはいました。スタート1発でまくってしまえば1着ですが、道中で他のボートと競るとターンがしづらいので6着になってしまう選手ばかりだったのですが、菅選手はまくり切れなくても道中で競り勝って2着や3着に来ることが多いのです。これこそが私が菅選手を凄いと思う理由です！

　ここで菅選手のチルト3度の豪快レースをご紹介！

　2023年5月、G1 児島キングカップ2日目の5R。ここ5号艇で登場の菅選手はもちろんチルト3度。

　スタート展示では6号艇の毒島選手が菅選手をマーク。だいたいチルト3度の選手はピット離れが悪いので6コース

になることが多いのですが、菅選手の伸びが凄いのでまくられるよりは一つ外のコースを選択し菅選手に攻めてもらったところを差し狙いする形の選手も増えてきました。124ページで説明したセット舟券理論を選手たち自身も認識している証拠ですね。

しかし、本番は菅選手のひとつ内、４号艇・中澤選手が菅選手をマークとなり進入は、

１２３／５４６

カドになった菅選手はがぜんやる気モード。いくら伸びるといっても、やっぱり４カドと５、６コースでは全然違いますからね。

取材で菅選手にインタビューをさせてもらったのですが、「一つ内に入るだけで全然違います！　カドに入れてくれれば僕はまくりしか考えません」と話していました。

その言葉どおり、スタートをしっかり決めてグイグイ攻めていく菅選手。しっかりまくり切って結果5-6-3の３連単4,620円。

菅選手をマークした中澤選手は１マークで内に入り込めず、もう一人の菅選手をマークした６号艇・毒島選手が最内を差してきて２着。

これぞチルト３度のレースというものでございました。

いまや菅選手以外にも、菅選手からアドバイスをもらってチルトを跳ねるレーサーが出てきています。

　ここまで菅選手のチルト3度を強調しすぎましたが、イン戦とかスローの場合、多くはチルト0度で臨みます。

　ただレーススタイルはとにかく攻める選手なので、スローの2コースや3コースでも攻めるまくりが多いと頭に入れておいてください。

2023年5月10日児島5レース

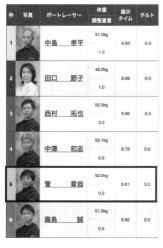

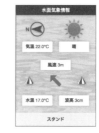

着順	枠番	ボートレーサー	レースタイム
1	5	菅　章哉	1'48"5
2	6	毒島　誠	1'49"2
3	3	西村　拓也	1'51"0
4	1	中島　孝平	1'52"6
5	4	中澤　和志	
6	2	田口　節子	

[払い戻し]

3連単	5-6-3	4620円
3連複	3-5-6	1590円
2連単	5-6	1050円
2連複	5=6	780円
拡連複	5=6	460円
	3=5	780円
	3=6	690円
単勝	5	370円
複勝	5	680円
	6	710円

前づけの鬼・西島義則

　ボートレースはインが強い！　これは今までも散々書いてきましたね。

　進入時にこのインコースを取りにくる動きのことを「前づけ」といいます。

　この前づけのメリットはコースを動いて1つでも有利な内側に入れること。

　ただ、デメリットもあります。それは進入が深くなるということ。

　いくらインコースに入っても助走距離がないとセンターから勢いづけられたボートにまくりで攻められて厳しいレースになるわけです。

　ただ、常にこの前づけを果敢に行うレーサーもいます。

　ここで紹介したい代表的な「前づけレーサー」は広島支部所属のベテラン選手・西島義則選手です。過去にSGを7勝もしている凄い選手です。

　西島選手はとにかく外コース

西島義則 期別成績　集計期間：2022/11/01-2023/04/30

勝率	7.64	２連対率	65.10%
３連対率	77.85%	出走回数	149 回
優出回数	6 回	優勝回数	1 回
平均スタートタイミング	0.17	フライング回数	1 回
出遅れ回数 (選手責任)	0 回	能力指数	60
1 着	36.9% (55 回)	2 着	28.2% (42 回)
3 着	12.8% (19 回)	4 着	12.1% (18 回)
5 着	6.7% (10 回)	6 着	2.0% (3 回)

のときは必ず内側に入ってきます。なんなら２コースから
でもインコースを狙いに行く代表的な前づけレーサーです。
とにかく初めて見る方は「こんな前まで⁉」と呟いてしまう
でしょう。

「そんなに前づけをしてスタートが大丈夫なのか？」

　と気になる方もおられると思います。しかし、そこは心配
ありません！

　もちろんモーターの仕上がりが上手くいっていないときは
遅れることもあります。それでも、６日間のトータルでみる
としっかりスタートも合わせてきます。

　西島選手と同じレースに出る他のレーサーは嫌だと思いま
すよ。

　西島選手が外枠にいて自分が１号艇だとしましょう。西島
選手相手に１コースを守るためにはいつもより早くスター

ト方向にボートを向けないといけないため、スタートの助走距離が短くなってしまいます。具体的には 120m 〜 130m くらいの助走距離を取れるのが一般的ですが、100m くらいになってしまいます。

逆に西島選手にとってスタート距離 100m 近辺はお手の物。そのエリアは庭みたいなものですから（笑）。

ここで、これぞ「前づけの鬼」というレースをご紹介しましょう！

2023 年 6 月 21 日のボートレース宮島、マスターズリーグの優勝戦。

地元の西島選手は 3 号艇で優勝戦進出。期初めにフライングをきってしまいスタートはなかなか踏み込めない状況。

しかし、地元の優勝戦ということで 3 コースからスタート位置が深くなるのは覚悟のうえで前づけの 1 コース取り。助走距離が短くなることは関係ない！　それが前づけの鬼・西島選手。

一人だけ 100m 近辺のスタート位置。こうなると 2 コースや 3 コースの選手もスタートを決めてまくりたい。

対する西島選手はとにかくスタートを決めて先に回って逃げるのみ。

結果、西島選手は .07 のトップスタートを決めてイン逃げ決着！

3 連単 3-2-1 で 3,290 円

　前づけにはリスクもありますが、西島選手のようなレーサーを覚えると、どんどんレースを見るのが面白くなる!

　前づけする選手が出るレースはもちろんイン逃げからも狙えますが、逆にインが深くなって厳しいと予想すればセンター勢のまくりを狙う手もあるのです!

2023年6月21日宮島12レース

枠	写真	ボートレーサー		全国	当地	モーター	ボート
		登録番号/級別 氏名 支部/出身地 年齢/体重	F数 L数 平均ST	勝率 2率率 3連率	勝率 2連率 3連率	No 2連率 3連率	No 2連率 3連率
1		3679 / A1 飯島　昌弘 埼玉/埼玉 50歳/52.0kg	F0 L0 0.14	6.48 41.23 67.54	6.90 50.00 80.00	52 34.97 50.35	19 43.17 65.47
2		3717 / A1 立間　充宏 岡山/岡山 48歳/54.4kg	F0 L0 0.13	6.65 50.81 64.52	6.61 51.85 68.52	19 37.95 50.60	52 40.38 51.92
3		3024 / A1 西島　義則 広島/島根 61歳/54.1kg	F1 L0 0.17	7.10 56.14 71.93	8.83 53.54 62.63	22 38.41 53.64	65 31.65 46.76
4		3978 / A1 齊藤　仁 東京/東京 45歳/52.0kg	F0 L0 0.15	7.33 57.76 74.14	0.00 0.00 0.00	65 39.87 58.86	69 29.10 44.78
5		3813 / A1 佐藤　大介 愛知/愛知 47歳/52.1kg	F0 L0 0.17	6.02 36.36 59.09	6.84 57.89 68.42	26 37.01 55.84	70 25.34 41.10
6		3983 / A1 須藤　博倫 埼玉/埼玉 45歳/52.0kg	F0 L0 0.14	5.91 41.18 51.26	6.25 37.50 43.75	51 30.89 52.85	11 39.33 52.67

着順	枠番	ボートレーサー	レースタイム
1	3	西島　義則	1'49"1
2	1	飯島　昌弘	1'50"4
3	2	立間　充宏	1'52"9
4	4	齊藤　仁	1'53"3
5	5	佐藤　大介	1'54"6
6	6	須藤　博倫	1'54"9

[払い戻し]

3連単	3-1-2	3290円
3連複	1=2=3	500円
2連単	3-1	1160円
2連複	1=3	290円
拡連複	1=3	160円
	2=3	480円
	1=2	210円
単勝	3	310円
複勝	3	230円
	1	130円

知っておいて欲しい名選手!!

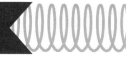

松井 繁

絶対王者という異名をもつ松井 繁（まつい しげる）選手。

SG優勝12回。グランプリは3回制覇。　※2023年9月現在

2023年には公営競技史上初の生涯獲得賞金額40億円突破。

レーススタイルは自在戦。近年は外枠のときは前付けしてコース取りをすることもあります。

OOJAというアパレルのオリジナルブランドも持つ松井選手です。

私が1番憧れる、そして尊敬する人物です。

座右の銘は「Time is money」。直訳すると時は金なりですが、とにかく仕事、つまりボートレースに関して妥協をせず、全ての時間をボートレースに注ぐ選手なのです。

　ピット内では動きを止めることなく、プロペラ調整→試運転→プロペラ調整と仕事に対する準備の大切さを教えてくれたのも松井選手。

「完璧な準備をしてレースで失敗したときは完璧な準備ではなかった」という言葉、私は今でも忘れません。
　レースはもちろん、ぜひ生き様も応援して欲しいレーサーです。

　ちなみに車が大好きで、趣味の車は毎年のように買い替えるそうです。ドライブしているときが唯一のリラックスできる時間らしいですよ……。

兄弟レーサーの代表格、篠崎元志選手&篠崎仁志選手。
兄・元志選手
弟・仁志選手
とにかくイケメン兄弟!　そして兄弟でSGレーサー‼
人気、実力を兼ね備えたこの2人。兄・元志選手のことを尊敬し続けるという弟・仁志選手です。

　そんな兄弟関係も素晴らしいのですが、元志選手のスピー

篠崎元志

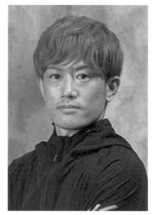
篠崎仁志

ドターンも凄い！　特に3コースから攻めるときはしっか
り狙いたい！

　そして弟・仁志選手はイン戦の実績が凄い！　モーターが
苦しいときでもイン戦はしっかり逃げる！

　史上初の兄弟グランプリ優勝戦対決なんて夢も叶えてしま
うかもしれません！

　ここで2人のマメ情報をお伝えします。

　まずは兄・元志選手から。タコ焼きは"素焼き派"とのこ
と。ソースもつけない素焼きですよ⁉　そのままの味がわか
る男です‼

　弟・仁志選手はとにかくボクシングが大好き。好きすぎて
今や自身のボディもボクサー並みに仕上がっていて腹筋がバ
キバキです‼

菊地孝平

菊地孝平選手はSG優勝5回。まだまだ優勝回数を伸ばす可能性があるはずです！　※2023年8月現在

ボートレース界ナンバーワンのスタート巧者。とにかくスタート力が凄すぎる！

菊地選手よりスタートで前にいると他のレーサーは不安になるぐらい。「菊地選手より早いってことはフライング？」とみんなが思ってしまうぐらい、そのスタート力は全レーサーから信頼される男なのです！

そのスタート力を活かしたセンター戦からの攻めは絶品。菊地選手曰く「スタートが宿舎でも見える」とのこと。

どういうことかというと、レース前日に頭の中で翌日のレースをイメージすると、大時計とレース場の情景が浮かび上がってスタートが見えるときがあるらしいのです!!

ちなみに菊地選手はとにかく多趣味！

キャンプから登山、そして

ゴルフ。大雨でもゴルフをする予定だった日は必ずプレーするそうです。

とにかく自然が大好きということですかね……。

遠藤エミ

ボートレース界で史上初なことをやり遂げた女子レーサー、滋賀支部の遠藤エミ選手！

その史上初とは？

ボートレースが始まり70年以上の歴史の中でSGレースを初めて制覇した女子レーサーが彼女！

SGボートレースクラシックを見事優勝！　2022年3月21日に歴史が刻まれました。

遠藤選手はとにかく女子レーサーの中でもターンのスピードと勝負根性が凄い！

攻めるコースのときはしっかり狙っていきたい選手です。

遠藤選手とはいっしょに釣りロケをしたり、インタビューもさせてもらいましたが、とにかく負けず嫌い！

1回マグロを釣るロケに行ったときのエピソードです。

マグロといったら簡単に釣れる獲物ではありません。そりゃ、プロでも難しいわけで。

　それでもあきらめない遠藤選手はひたすらチャレンジ。

　船長が「もう無理だ、そろそろ帰ろう」と言うと、遠藤選手は「まだいける!　もうちょっと!」と最後まで粘る。

　結果としてマグロは釣れませんでしたが、カツオが釣れました。

　港に戻って、そのカツオを捌いて食べましょうとなったのですが、遠藤選手は「私はマグロが釣りたかったんだ」と言ってそのカツオは食べませんでした!

　そんなに悔しかったんかい!

　負けず嫌い!　その根性を皆さんもぜひ走りで感じてください!

海水＆汽水のレース場では干満差をチェックして予想に活かそう！

　4章の最後は少しレベルの高いことを書かせてもらいます。難しいと感じる人は読み飛ばしてもらってOKです！

　118ページの表のとおり、レース場は全国に24場あって淡水のレース場、海水のレース場、その中間の塩分濃度を持つ汽水のレース場と3種類に分かれます。

　淡水のレース場はいわゆるプールなわけですが、海水と汽水のレース場には干潮、満潮があり、水面が高いときと低いときがあります。

> 干潮＝水面が低いとき
> 満潮＝水面が高いとき

　予想するうえでこれをスルーしがちですが、実は潮回りでかなりレースに影響が出ます。

　また、レース場にもよりますが、海水のレース場は4m〜5mぐらいの風で水面は影響を受けます。淡水のレース場は2m〜3mの風でも影響が出てきます。

　干潮、満潮のイメージをお風呂に例えると、バスタブにお湯をためて、お湯が少ないときは手でお湯を揺らしても波立ちが少ない。でも、お湯を一杯ためて揺らすと揺れが大きくなる。そんなイメージです！

干潮

満潮

　大潮と呼ばれる時期はその中でも潮の満ち引きが最も大きいので、水面の違いもあからさまです。また、風の影響も大きいので風の情報がより大切になります!

　出走表には干満差（潮汐表）が載っていますので、これはしっかりチェックしましょう。
　簡単に言うと、干潮で水面が低いときはボートの操縦がし

179

やすく、そのような状況のときはインコースのレーサーもしっかりターンができます。

　ただ、他のレーサーも乗りやすいのでスタートが決まればもちろんまくりも決まります！

　また、水面が低いと、比較的、風の影響も受けにくく、スピード戦になりやすいと理解しましょう。

　一方、満潮時になると水面が高くなりボートがポチャポチャするので全員が乗りにくくなります。

　そうすると、外から攻めていってもスピードに乗り切れずに攻め切れない状況になります。

　つまり、比較的まくりが決まりにくくなり、代わって差しが決まりやすくなります。

　もちろん全員が乗りにくいので外から攻めることが難しくなり、結果的にインコースの逃げも多くなります。

　特に海水のレース場は干満差があるので、満潮時など水面が高いときはポチャポチャして、風の影響も受けやすくなるので、追い風が強めのときは、より２コースの差し狙いでいきましょう！

　116ページで「向かい風のときはまくりを狙え」と述べましたが、海水のレース場で水面が高いときは、向かい風でもまくりは決まりにくくなります。狙いはまくり差しするレーサー、そしてもちろん逃げるレーサーが有力だと私は信じています！

予想ファクター　ここに注目

- スタート展示はボーっと見るべし！
- 周回展示は1マークターン後の進み
  具合を見る！
- 展示タイムは1周タイムを参考に！
- 「直近10走の枠番別勝率」データか
  ら、各レーサーのクセをチェック！
- チルト（ボートにモーターを取り付
  けるときの角度）は、
  角度を上げる（跳ねる）と伸び型に
  角度を下げるとボートが安定して乗
  りやすくなる

覚えておきたい名選手

チルトの魔術師・菅章哉
前づけの鬼・西島義則
絶対王者・松井 繁
兄弟SGレーサー・篠崎元志　篠崎仁志
ボート界NO.1スタート巧者・菊地孝平
史上初の女子SGレーサー・遠藤エミ

第**5**章

永島流予想で 舟券的中！！

ここまで、ボートレースを予想するために
必要な知識を、私なりの考えに基づき
紹介してきました。
そのまとめとして、私がどういったポイン
トに注目し、そこからどう考えをめぐらせ、
予想の結論に至ったのかを、実際の
レースを例に挙げてご紹介します。

永島流 レース予想実践編 !!

　さあ、それでは今までお伝えしてきたいろいろなボートレース予想の知識を踏まえて、実際のレースの予想方法をご披露しましょう！

　レース場にいるなら出走表を手に持ち、自宅で楽しんでいるならボートレースオフィシャルホームページを参考に予想しましょう！

　ずっとお伝えしているとおり、ボートレース予想の基本は「インが強い」ということ。

　なので、まずはインが勝てそうな確率の高いレースを狙ってみましょう！

　最近のボートレースにはモーニングレースというものがありまして、普段は 10 時ぐらいから（スタート展示が）始まることが多いのですが、それよりも早い 8 時過ぎから始まるレースがあります。

　現状は 5 つのレース場で開催中。

　このモーニングレースの特徴は「シード番組が多い」ということ！

　シード番組とは、決まった枠番に A 級のレーサーが入り、

他の枠番にはB級のレーサーが比較的多く入るレースです。そうなると自然に力上位のA級のレーサーが勝ちやすく、A級レーサーから舟券を狙いやすくなります。

その中でもモーニングレースの1レース目はかなり極端なシード番組が組まれているレース場が多いのです。

1号艇にA級レーサーが入り、そのほかは全部B級レーサーとなると、絶対的に1号艇が人気を集めます。

もちろんこのときの1号艇が1着以外になると配当はかなり高くなりますが、こういったシード番組は素直に1号艇から狙うのがいいと思います。

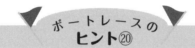

『番組』

番組というのは各レースの呼び名。1日12レースがまとまったものを番組表と呼んだりします。

何レースに誰が何枠で走るかを各レース場の番組編成という担当の人が組んでいます。同じ選手が何レースも続けて同じ枠番だったりすることがないのはこのためです。

一般戦では各レース場の特徴を出した様々な企画番組が組まれます。企画番組の多くはシード番組となっていて、本命党の人が当てやすいように配慮されていますので、ビギナー向きと言えるでしょう。しかし、その人気のA級レーサーが勝てなければ超高配当になることも!

ぜひ各場の趣向を凝らした企画番組に注目してほしいと思います!

2023年6月6日
徳山1レース

注目選手 | **1号艇：森永隆**

 予想の決め手

インが絶対的に固いレースを見つけたら、あとは相手を絞って自分との戦い！

　例えばこちらのレースを私がどう予想したかをお伝えしましょう。

　モーニングレースのボートレース徳山。

　この日の1Rはシード番組で、1号艇にA級レーサーで他はB級レーサー。

　このレースは開催4日目でした。4日目ともなると各レーサーの調子もある程度わかってきて、モーター評価やスタートの決まり方も成績表からわかってきます。

　この1号艇・森永選手はスタートも早く、徳山コースにもなれている地元選手で、今節の成績もしっかり結果を残している。

　そうなると、ここは素直に1号艇の森永選手を1着に予想したい。

　あとは相手探し。

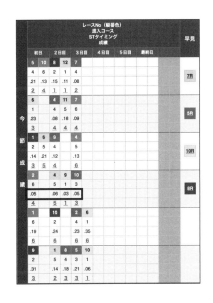

森永選手以外のレーサーの勝率を見ると、２号艇・橋本選手と６号艇・深川選手がこの中では次に高い勝率。それに続くのが４号艇の室田選手。

　ここまで３日間の成績を見ると、３号艇・谷口選手と５号艇・森田選手はちょっと苦しいかなと考える。

　ということで、２着は２号艇・橋本選手をまず抜擢。

　あとはスタートがバッチリ決まっている４号艇・室田選手の２着も考えたい。

　６号艇・深川選手は６コースと苦しいコースなので頑張っても３着までかなぁと考える。

　３連単の舟券を当てることだけを考えたら、1–2から３着は全通り（計４点）、1–4から３着を全通り（計４点）の計８点買いという予想でいいのですが、先ほどもお伝えしたとおりシードレースになると１号艇からの舟券は大人気！　配当はかなり安くなるので、どこかで絞らないといけません。

　そうなると、私の場合は、

1–2–4（4.4倍）

1–2–6（5.2倍）

1–4–2（7.5倍）

1–4–6（7.5倍）

　と、１号艇の１着は決めて２着、３着はこういう舟券の買い方になるわけです。

　ちなみに結果は、

1-2-6の2番人気で払い戻しは520円。

　4点買いで大儲けとはいきませんでしたが、インが絶対的に固そうなレースで人気サイド決着はしょうがないと受け入れましょう。

　どれだけ儲けようとするかは自分との戦いです！

　ここに勝負に出ていい金額をいくのか？　少額の勝負でちょっとずつ増やすのか⁉

　とにかくインが固いレースは自分との戦いでもあるのです！

■2023年6月6日
■徳山1レース

着順	枠番	ボートレーサー	レースタイム
1	1	森永　隆	1'51"4
2	2	橋本　年光	1'52"5
3	6	深川　和仁	1'54"6
4	4	室田　泰史	1'55"0
5	3	谷口　健一	
6	5	森田　梨湖	

[払い戻し]

3連単	1-2-6	520円
3連複	1-2-6	350円
2連単	1-2	170円
2連複	1-2	220円

拡連複	1-2	120円
	1-6	170円
	2-6	300円
単勝	1	100円
複勝	1	100円
	2	170円

注目選手 | **4号艇：河村了**

予想の決め手

センターの選手を狙うときは、その内側の選手のスタート力を見て、まくり切れる可能性が高いかどうかを考えよう！

　続いてはセンターが勝ちそうなレースを予想してみましょう！

　今回もモーニングレースが開催されているボートレース芦屋のレースを取り上げます。

　こちらはモーニングレースの中でも前半1〜5Rまでが企画レースとなっています！

　もちろんインが強そうなレースから、センター勢が強いレースまで幅広く企画されます。

　おおむね1Rはインが強いレースが組まれますが、2Rや3Rなどはセンター勢にもA級レーサーが入る番組となります。

　そうなるとセンターから狙いたくなりますが、1号艇にもA級レーサーが入ると両サイドから狙いたくなります。どちらに決めるのかを考えるのが予想の面白さ！

枠	写真	ボートレーサー 登録番号/級別 氏名 支部/出身地 年齢/体重		全国 F数 L数 平均ST	勝率 2連率 3連率	当地 勝率 2連率 3連率	モーター No 2連率 3連率	ボート No 2連率 3連率
1		4949 / A2 横田　貴満 佐賀/熊本 30歳/51.0kg	F0 L0 0.14	5.69 36.00 82.67	6.05 40.00 75.00	59 36.36 45.45	59 35.00 45.00
2		5107 / B1 松本　真広 福岡/熊本 24歳/51.5kg	F0 L0 0.19	3.86 15.38 35.16	2.28 4.48 8.96	28 50.00 81.25	61 0.00 33.33
3		5102 / B1 原田　雄次 福岡/福岡 25歳/52.0kg	F0 L0 0.17	4.62 24.39 41.46	3.82 16.00 29.00	31 24.00 48.00	65 36.84 47.37
4		4308 / A1 河村　了 愛知/愛知 39歳/52.0kg	F0 L0 0.15	6.88 51.79 72.32	0.00 0.00 0.00	12 56.25 68.75	15 33.33 55.56
5		4487 / B1 三原　司 福岡/福岡 37歳/52.0kg	F0 L0 0.19	4.35 24.74 32.99	4.57 23.61 40.28	57 0.00 0.00	13 11.11 22.22
6		4876 / B1 梅木　敬太 福井/福井 28歳/52.6kg	F0 L0 0.18	4.54 29.91 40.19	4.58 27.50 42.50	22 50.00 68.75	11 29.41 47.06

1		4949 / A2 横田　貴満 佐賀/熊本 30歳/51.0kg	F0 L0 0.14
2		5107 / B1 松本　真広 福岡/熊本 24歳/51.5kg	F0 L0 0.19
3		5102 / B1 原田　雄次 福岡/福岡 25歳/52.0kg	F0 L0 0.17
4		4308 / A1 河村　了 愛知/愛知 39歳/52.0kg	F0 L0 0.15

例えば上の出走表のレースを見てみましょう。

1号艇に A2 の横田選手、4号艇に A1 の河村選手が入って、ぱっと見で 1–4 か 4–1 で決まりそう。

実際に 2 連単の 1–4 は 2.2 倍、4–1 は 5.3 倍と人気に
なりました。

　しかし、私は 2 号艇と 3 号艇のレーサーはスタートが
あまり早くないことに注目しました。つまり、4 号艇・
河村選手の一撃まくりがあるかもと考えるわけです。

　まくり切ると 126 ページで紹介したセット舟券 4–5 の
可能性を頭に入れたいところ。

　もちろんまくり切れずにまくり差しになる可能性もあ
ります。

　さぁ、ここまで考えてどうするべきか!?

　2、3 号艇がスタート遅れそうと考えると、1 号艇が
スタート行っても隣に 2 つの壁がなければかなり厳しい。

　ならば A1 の実力も加味して 4 号艇の 1 着に期待!!

　舟券は 4–1（5.3 倍）からとまくり切った 4–5（15.1 倍）
を狙いたい。3 連単で 3 着総流しもあり！

　ただ、A1 級の 4 号艇がまくり、まくり差しで攻めると
予想するなら、2、3 号艇は潰されると見て、ここは勇気
をもって買い目から切ると点数が絞れます。

　ということで、

4–1–5（19.5 倍）

4–1–6（15.5 倍）

4–5–1（33.8 倍）

4–5–6（39.2倍）

の4点でいってみようかとなるわけです。

　結果は4–5–6で決着。

　配当は39.2倍で、4点買いでもかなりプラスになるというわけです！

　ここで覚えておきたいのは、センターから狙うレースは、そのセンターのレーサーのスタート力はもちろんのこと、内側のレーサーとのスタート力差がもっと大事になるということです!!

■2023年5月16日 ■芦屋2レース

着順	枠番	ボートレーサー	レースタイム
1	4	河村　了	1'48"7
2	5	三原　司	1'50"6
3	6	梅木　敬太	1'51"9
4	3	原田　雄次	1'53"0
5	1	横田　貴満	
6	2	松本　真広	

［払い戻し］

3連単	4-5-6	3920円	拡連複	4=5	580円
3連複	4=5=6	1680円		4=6	500円
2連単	4-5	1510円		5=6	2630円
2連複	4=5	1000円	単勝	4	150円
			複勝	4	170円
				5	490円

2023年5月23日
芦屋6レース

注目選手 ## 4号艇：高田ひかる

予想の決め手
初日のデータがないレースは
レーサーの個性を狙って！

　ボートレースは通常6日間開催が基本ですが、その中で初日というのはやはりデータが少なく、どう予想をしていいのか難しいという人が少なくありません。

　実際、レーサーもモーターの手ごたえは探り探り。

　私もモーターの勝率を頭に入れ、あとはボートの勝率もチェックと一通りの予想作業をして挑むのですが、こういったデータ以外の「レーサーの個性」というものも予想に生かしたい！

　その個性がいかされたレースがこちら！

　2023年5月にボートレース芦屋でおこなわれたSGボートレースオールスター初日の6R。

　ここは4号艇だった女子レーサー・高田ひかる選手に注目！

枠	ボートレーサー			全国	当地	モーター	ボート	レースNo (艇番色) 進入コース STタイミング 成績				
	写真	登録番号/級別 氏名 支部/出身地 年齢/体重	F数 L数 平均ST	勝率 2連率 3連率	勝率 2連率 3連率	No 2連率 3連率	No 2連率 3連率	初日	2日目	3日目	4日目	5日目
1		4459 / A1 片岡　雅裕 香川/高知 37歳/52.3kg	F0 L0 0.13	6.82 42.98 60.33	7.19 56.25 75.00	11 26.67 46.67	38 56.00 60.00					
2		3257 / A1 田頭　実 福岡/福岡 56歳/50.5kg	F0 L0 0.12	6.66 56.96 64.56	8.44 80.49 87.80	30 50.00 73.08	31 19.35 41.94	今				
3		4503 / A1 上野　真之介 佐賀/佐賀 35歳/52.0kg	F0 L0 0.13	7.06 53.96 67.63	0.00 0.00 0.00	15 55.00 60.00	48 25.00 37.50	1 4 .13 2				
4		4804 / A1 高田　ひかる 三重/三重 28歳/47.1kg	F0 L0 0.17	6.73 49.30 63.38	8.07 67.39 80.43	33 31.82 45.45	40 34.48 44.83	成				
5		3415 / A1 松井　繁 大阪/大阪 53歳/52.0kg	F0 L0 0.16	7.05 45.04 64.89	7.32 46.43 60.71	44 42.11 68.42	41 46.15 57.69	績				
6		4028 / A1 田村　隆信 徳島/徳島 45歳/55.4kg	F0 L0 0.15	6.63 40.38 61.54	6.54 35.90 51.28	1 25.00 54.17	74 47.37 84.21					

　高田選手の特徴はとにかく伸びをいかしたまくり！

　ファンのみなさんの間では「まくり姫」と呼ばれる高田選手！

　プロペラを伸び仕様に叩き、その伸びがついてきているときはとにかく狙いたい！

　この初日も、一人展示タイムから抜けたタイムを出していた高田選手。

　そうなると４号艇カド戦、これは狙わなきゃ損！

　初日というのも実は狙い目なのです。

　２日目や３日目になると他のお客さんに伸びの具合もバレますからね。みんなにバレる前に狙う！

　もちろん初日に狙うリスクもあります。なんせ初日で

すから、スタートが決まるのかどうか⁉

　ただその条件は全選手一緒！

　１走目のスタートはやはり決めにくいもの。そこでどこまで決め切れるか⁉

　もし決めてくれれば、伸び足を活かして攻めていける！

　そこは狙う側も腹を括って、伸び仕様のまくり姫を狙ってみようという予想にたどり着くのです。

　そうと決めたら、カドまくりですから、

4–5– 総流し

　といきたいのですが、高田選手のまくりはスタート一気というわけではなく、スタート線を通過した後から伸びてくることが多いので、左に攻めて締めていくのがちょっと遅くなることが多いのです。

　スタート一気だと右隣りのボートもついて行けるのですが、締めるのが遅めになると内側のレーサーもなんとか先マイしようと無理に抵抗せずに早めに引くことが多くなります。

　すると、ターンマーク付近の内側にボートが集まり差し場がなくなり、4–5 より 4–6 が出やすくなり、場合によっては先に捲られた３号艇が残る 4–3 や、２号艇がスルッと差して残る 4–2 が出たりします。

　３章で「セット舟券」を紹介しましたが、高田選手の

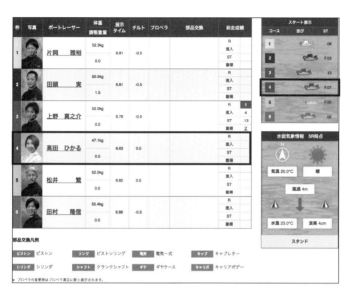

枠	写真	ボートレーサー	体重 調整重量	展示タイム	チルト	プロペラ	部品交換	前走成績
1		片岡 雅裕	52.3kg / 0.0	6.81	-0.5			R / 進入 / ST / 着順
2		田頭 実	50.5kg / 1.5	6.81	-0.5			R / 進入 / ST / 着順
3		上野 真之介	52.0kg / 0.0	6.78	-0.5			R 1 / 進入 4 / ST .13 / 着順 2
4		高田 ひかる	47.1kg / 0.0	6.63	0.0			R / 進入 / ST / 着順
5		松井 繁	52.0kg / 0.0	6.82	0.0			R / 進入 / ST / 着順
6		田村 隆信	55.4kg / 0.0	6.86	-0.5			R / 進入 / ST / 着順

部品交換凡例

ピストン ピストン　リング ピストンリング　電気 電気一式　キャブ キャブレター
シリンダ シリンダ　シャフト クランクシャフト　ギヤ ギヤケース　キャリボ キャリアボデー
※ プロペラの変更時はプロペラ項目に新と表示されます。

ような独特な伸び型仕様のまくり方をする選手に対しては
セオリーが通じないこともあります。

なので、レーサーのクセ、ここでいうと高田ひかる選手のまくり方を頭に入れておくことが大事！

このように、レーサーのクセを覚えていくと、かなり予想が面白くなっていきます。とはいえ、ここまで考えて舟券を買うようになったら、もうビギナーの域はとっくに脱していることになります（笑）。

結果どうなったのか!?　高田選手は見事スタートから伸び足を生かしてまくり切り！

ただ、5号艇は案の定差し場がなく、その1つ横の6号艇が間を縫って差してきて、結果は 4–6–1 ／ 13,300 円の万舟決着でございました。

　初日のデータが少ないレースでも、レーサーのクセを覚えるとボートレースがもう一つ面白くなります！
　皆さんもぜひ印象に残ったレーサーを追いかけて、いい万舟をゲットしてください！

2023年5月23日
芦屋6レース

着順	枠番	ボートレーサー	レースタイム
1	4	高田　ひかる	1'47"4
2	6	田村　隆信	1'49"8
3	1	片岡　雅裕	1'50"5
4	3	上野　真之介	1'51"8
5	5	松井　繁	1'52"6
6	2	田頭　実	1'54"0

[払い戻し]

3連単	4-6-1	13300円	拡連複	4-6	760円
3連複	1-4-6	2320円		1-4	200円
2連単	4-6	2790円		1-6	650円
2連複	4-6	2530円	単勝	4	450円
			複勝	4	170円
				6	720円

2019年12月21日
住之江12レース

注目選手　　4号艇：石野貴之

予想の決め手

1着だけを狙う選手はスタートを
決めてまくるのみ！　まくりからの
セット舟券、まくるレーサーの横

　皆さんに私がハマった伝説のレースをご紹介させてください。

　気持ちいいまくりが決まった1戦！　2019年の第34回グランプリから5日目トライアル2の12R。

　グランプリは年末に行われるボートレース界の最高峰レースです。約1600人いるボートレーサーの中で年間獲得賞金ランキング18位までの選手しか出場できないボートレース界の夢の舞台です。

　優勝賞金はなんと1億円！（2023年からは1億1000万円）。

　このレースは4号艇で出場の石野貴之選手（大阪支部）に注目。

　3日間あるトライアル2と呼ばれる予選の最終日。

このレースまで３着、２着とした石野選手は、ここまで得点トップの毒島選手との直接対決！

　石野選手が最終日の優勝戦で１号艇のポールポジションをゲットするには、何が何でも３号艇の毒島選手に勝つことが第一条件。

　理想は１着を取ってかつ毒島選手を大敗に追い込むこと。そうなれば自身が優勝戦１号艇となり、１億円が現実的になってきます。

　このような厳しい条件での１戦で、石野選手は伸び足のかなり良かったモーターをもう少し伸びよりにして挑みました。チルトを０度にしていることからもそれはわかりますね。

　スタート展示では６号艇の菊地孝平選手が進入から動きを見せて、進入は

１２３４６／５

　ダッシュは５号艇平本選手の単騎でした。

　実はここから戦いは始まっていたのです！

　スタート展示では５コースとなった６号艇の菊地選手ですが、本番ではもっと強引に内を取りにいく可能性も考えられました。

　いざ本番の進入。６号艇の菊地選手が内を伺いにいくと石野選手は抵抗するそぶりも見せない。２号艇も３号艇もそこまで抵抗しない。その結果、菊地選手はどうせなら取れるだけ内を取ろうと２コースまで進入しました。

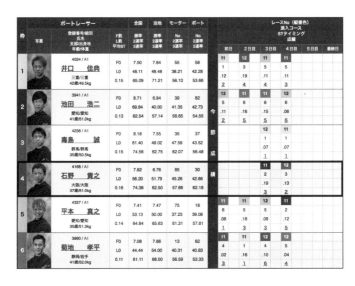

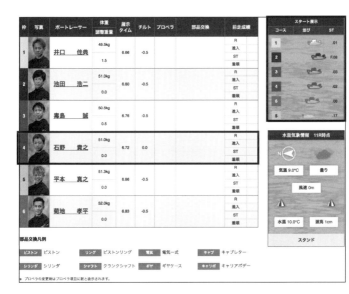

ズバリ、石野選手はこれを狙っていたのです。

　カド選択です！

　ダッシュのカドが欲しかった石野選手は、自分がカドになるように最後まで２号艇の池田選手も引き付ける見事な進入でした。結果、

　１６３２／４５

　という進入に。

　カドになった石野選手のやることは、スタートを決めてまくるのみ！

　ただ、この場面でスタートを決めるのも至難の業！

　しかし、そこはさすが知り尽くした地元のボートレース住之江の水面。何千回、いや何万回もスタートをしてきたこの水面でスタートを決め、チルト０度の伸びを活かして一気まくり！

　これぞまくり！

　渾身のまくりを決めた石野選手が１着となり、逆にまくられた３号艇の毒島選手は、石野選手のもくろみどおり６着に敗れました。

　こうして、最終日ファイナル優勝戦の１号艇をゲットした石野選手がそのままグランプリ初制覇を成し遂げたのです。

　このレース、私が的中させることができた要因は以下の３つでしょう。

・本番はスタート展示とは違う進入で何かが起こると想像

した

・石野選手が伸び調整をしていたことを見ていた

・予選得点トップを狙うなら「1着を取ってかつ毒島選手の結果次第」。とにかく1着だけを狙うレースをして得点トップを目指し、地元・住之江ならスタートもしっかり決めるはずと考えた

　これらから紐解いた1戦でした。

　石野選手を信じた結果、4-5-1の21,430円という2万舟券を的中できたというわけです。

　まくりからのセット舟券、まくるレーサーの横。見事にハマったまくり勝ちでした。

■2019年12月21日
■住之江12レース

着順	枠番	ボートレーサー	レースタイム
1	4	石野　貴之	1'46"0
2	5	平本　真之	1'48"3
3	1	井口　佳典	1'50"3
4	2	池田　浩二	1'51"0
5	6	菊地　孝平	1'51"4
6	3	毒島　誠	1'52"2

[払い戻し]

3連単	4-5-1	21430円
3連複	1=4=5	1430円
2連単	4-5	6260円
2連複	4=5	3790円

拡連複	4=5	900円
	1=4	180円
	1=5	450円
単勝	4	790円
複勝	4	340円
	5	780円

永島流予想の極意

・インが絶対的に固いレースを見
 つけたら、あとは相手を絞って
 自分との戦い！

・センターの選手を狙うときは、
 その内側の選手のスタート力を
 見て、まくり切れる可能性が高
 いかどうかを考えよう！

・初日のデータがないレースはレ
 ーサーの個性を狙って！

・１着だけを狙う選手はスタート
 を決めてまくるのみ！まくりか
 らのセット舟券、まくるレーサー
 の横

第**6**章

全国24レース場&
各地グルメ情報！

北は群馬県の桐生から、南は長崎県の大村まで、全国24場にまたがるボートレース場で味わうことのできる、その土地ならではのさまざまなご当地グルメ。ハンバーガーなどのファストフードからエビフライが7本入ったカレーライスなどのガッツリ系まで、レースとともに楽しんでください。

全国のボートレース場で名物グルメを食べ尽くせ！

　23ページの地図で紹介したとおり、ボートレース場は全国に24場あります。

　最も北に位置するのは群馬県のボートレース桐生。いちばん南は長崎県のボートレース大村。

　そして、レース場それぞれに特徴があります！

　狭いレース場、広いレース場！　海にあるレース場、プールのようなレース場、川そのままのレース場まで！　24場それぞれの顔があります。

　例えて言うなら、野球場をイメージしてください！　一見同じように見えるかもしれませんが、いろいろと個性豊かなスタジアムがありますよね！

　レース場がある都道府県には各レーサーが所属する支部が設置されていて、その数は全部で18カ所。全ての選手が、自宅や出身地に近いいずれかの支部に必ず所属しなければなりません。

　さて、ここから各レース場についてのグルメ情報をお伝えしましょう。

　最北端の群馬県は桐生市にあるボートレース桐生。ここを拠点とするのが群馬支部。ソースカツ丼が美味しいです。

　そして埼玉県は戸田市にあるボートレース戸田。ここを拠点にするのが埼玉支部。私はかき揚げ天ぷらそばが好きです。

東京都には３場あります！

大田区にあるボートレース平和島。アジフライが最高‼

江戸川区にあるボートレース江戸川。オススメはもつ煮定食！

ボートレースの
ヒント㉑

『関東のＷエース、濱野谷憲吾＆桐生順平』

　関東のスターといえば、東都のエース、東京支部の濱野谷憲吾選手。アニメ『モンキーターン』の主役・波多野憲二のモデルにもなったスーパースターです！　とにかくカッコいい！

　濱野谷選手のスター語録は数知れず。まず、後輩の「どうやったらモンキーターンが上手にできますか？」という質問に対して「チャチャカブーンだよ」って、どんな説明やねん⁉

　とにかく天才肌の濱野谷選手。プライベートではビールも大好き。ただ、減量のために糖質ゼロビールで我慢しているとのこと。先日のインタビューでは「優勝したらとりあえず糖質アリだね」ともはやビールを糖質で表現！

　そして関東のもう１人のエースが埼玉支部の桐生順平選手。2017年にグランプリも制して、今やボートレース界を引っ張るトップレーサー！

　桐生選手の魅力は何といってもスピードターン！　どのコースからでも勝ってくる！　ファンからすると絶対に予想から外せないレーサーです。狭いボートレース戸田の水面も自由自在に全速で回る！！

　とにかく後輩想いの桐生選手。埼玉支部の若手の成長は桐生選手の存在なくしてありえない！　今後も埼玉支部の選手には大注目です！

　府中市にあるのがボートレース多摩川。牛炊が名物!

　この3場を拠点とするのが東京支部。ここまでが関東地区です。

かき揚げ天ぷらそば（戸田）

牛炊（多摩川）

静岡県は浜名湖にあるボートレース浜名湖。串カツのエビフライが美味しい！　ここを拠点とするのが静岡支部。

　愛知県には2場あります。
　まずは蒲郡市にあるボートレース蒲郡。鉄板ナポリタン！
　常滑市にあるボートレースとこなめ。どて丼という名物のどんぶりがあります。
　この2場を拠点とするのが愛知支部。

　三重県は津市にあるボートレース津。津ぎょうざがオススメ。ここを拠点とするのが三重支部。ここまでを東海地区と呼びます。

どて丼（とこなめ）

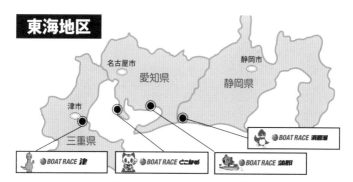

ボートレースの ヒント㉒

『とこなめの SUPERSTAR ×3人』

　東海地区といえばスター選手の宝庫。その中でも愛知支部のスター・池田浩二選手をぜひ覚えてください!　オールスターファン投票第1位にも輝き、グランプリも2度制覇!

　どて丼が有名なボートレースとこなめが本拠地。淡々と凄いターンをするんですよ、淡々と。イッツアクール!　そう言いたくなる超絶ターン。痺れます。とこなめには「地元の大スター池田浩二」という看板が設置されていたほどです。

　しかし、その看板が2023年にリニューアルされ「地元のSUPERSTAR」として3選手が紹介されるものになりました。なぜなら池田選手以外にも凄い選手が出てきたからです。

　一人は平本真之選手。SG優勝3回を誇る実力派で、湘南の風が大好きなオシャレボーイは素晴らしい風をとこなめに吹かせました!

　そしてもう一人は池田選手が最も可愛がる後輩、磯部誠選手。2023年にSG初制覇!　この看板に恥じないレーサーとして、グランプリの常連メンバーへ名乗りをあげました!

　皆さんもぜひとこなめの看板を眺めに行ってみてください。

全国24レース場&各地グルメ情報!

さあ、どんどん西に進みましょう。

　福井県は坂井市にあるボートレース三国。もやしそばが辛口で最高！　ここを拠点とするのが福井支部。

　滋賀県の琵琶湖にあるボートレースびわこ。エビフライが7本入ったビナちゃんカレーがボリューミーで美味しい‼　ここを拠点とするのが滋賀支部。

　大阪は住之江区にあるボートレース住之江。ベタですが人気NO.1はやっぱりお好み焼き！　ここを拠点とするのが大阪支部。

　兵庫県は尼崎にあるボートレース尼崎。タコが入っていない多幸焼を食べてみて‼　ここを拠点とするのが兵庫支部。
　ここまでが近畿地区。

ビナちゃんカレー（びわこ）

ボートレースの
ヒント㉓

『住之江ファイブ』

　私はボートレース住之江の5レースに組まれる企画レース・住之江ファイブが好きです。

　このレースは1号艇と6号艇にA級レーサー、他はB級レーサーという組み合わせになります。インの強い住之江ですが、外はなかなか絡みづらい!　6号艇のA級レーサーが進入から内側を狙ってくるレーサーなら3連単に絡む可能性は上がりますが、枠なりの大外進入になると結構絡むのは難しい!とはいえ、A級選手なので人気にはなる。なので、6を外して舟券を買うとまぁまぁいい配当をゲットできたりするので、17時ごろのこのレースを狙ったりしております!

岡山県は倉敷市にあるボートレース児島。腹が減ったら中華そば！　ここを拠点とするのが岡山支部。

広島県は日本三景の一つ宮島に渡る手前にあるボートレース宮島。がんすうどんを食べてみて！　ここを拠点とするのが広島支部。

山口県には2場あります。
周南市にあるボートレース徳山。肉うどんがウマい‼
下関市にあるボートレース下関。くじら肉のカツをパンで挟んだくじらロールなんていう珍しいグルメがあります‼
この2場を拠点とするのが山口支部。
ここまでを中国地区と呼びます。

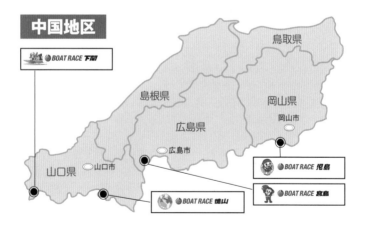

ボートレースの ヒント㉔

『ホワイトシャーク・白井英治と師匠・今村豊の人間模様』

　ボートレース界のレジェンドと呼ばれた元レーサー今村豊さんの地元が山口県。ボートレース界に「全速ターン」というスピードを落とさないでターンする技を作ったともいわれるレジェンドです!

　その今村さんの弟子でもある山口支部・白井英治選手を紹介しないわけにはいかない!　ボートレースファンにはホワイトシャークと呼ばれています。名前に「白」が入っている白井選手は、狙った獲物を逃さないサメのような鋭いターンからその愛称となりました。

　ただ、師匠同様にグランプリだけはずっと結果を出せなかった。2018年のグランプリ優勝戦後のメダル授賞式で僕はステージ裏にいました。優勝したのは初グランプリ制覇の佐賀支部の峰竜太選手。喜びで泣きじゃくった峰選手。メダル表彰が始まる直前まで泣き止まない峰選手に白井選手は「竜太、ビシっとしろ!　悔しいのはこっちなんだよ」と言いながら峰選手の背中をポンと押し表彰式へ。その悔しいながらも相手をたたえる姿に感動したのを今も覚えています。

　それから4年後の2022年、白井選手は見事にグランプリを初制覇!　レジェンド・今村さんと登壇した表彰式の笑顔はその過去の姿を見ているからこそボートレースファンの心に残るグランプリとなりました!

　ボートレースには人間模様の歴史がある!　ぜひ皆さんもその人間模様に注目していただきたい!

くじらロール（下関）

さあ、四国に飛びましょう。

徳島県は鳴門市にあるボートレース鳴門。なるちゃんタイ焼きを食後にどうぞ！　ここを拠点とするのが徳島支部。

香川県は丸亀市にあるボートレースまるがめ。骨付鶏がビールに合う！　ここを拠点とするのが香川支部。

この2つで四国地区。

なるちゃんタイ焼き（鳴門）

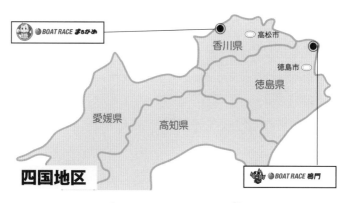

ボートレースの ヒント㉕

『うねり』

「うねり」とは水面上の入り乱れた波のこと。見た目では判断しにくく、水面を走ってみて「行ったらうねってた!」なんてコメントするレーサーもいるぐらい。うねりが発生する主な原因は、遠くで発生した波がレース場に入ってきて2つの波と波がぶつかることで生まれます。

特にうねりが多いレース場としては福岡が挙げられます。ここはレース場の1マーク奥が那珂川の河口に位置しています。その那珂川はそのまま海に繋がっていて、その奥の海を大型船が通ったりすると、その引き波が時間差でレース場の水面に入ってきてうねりが発生することが多いです。潮の干満差も発生度合いを上げます。

福岡以外でも宮島やびわこなどでもよく発生します。

うねりがあるとターンが難しくなり、特に3コースからの攻めなど握って回るのがかなり難しくなります。

そういうときは「差しに構えるレーサーを狙う」と覚えておきましょう!

最後に九州。

福岡県には３場あります！

北九州は若松区にあるボートレース若松。焼きホルモンを食べてみて！

遠賀郡にあるボートレース芦屋。勝てる⁉　カツカレーがオススメ‼

福岡市のど真ん中、中央区にあるのはボートレース福岡。ちゃんぽんが美味しい‼

この３場を拠点とするのが福岡支部。

佐賀県は唐津市にあるボートレースからつ。オススメは肉肉うどん。ここを拠点とするのが佐賀支部。

そして最後は最西端の長崎県大村市にあるボートレース大村。ここに来たら佐世保バーガーを食べないと‼　ここを拠点とするのが長崎支部。

ここまでが九州地区です。

佐世保バーガー（大村）

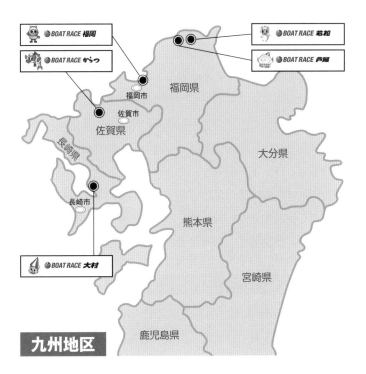

BOAT RACE 福岡

BOAT RACE からつ

BOAT RACE 若松

BOAT RACE 芦屋

福岡県

福岡市

佐賀市

佐賀県

長崎県

大分県

熊本県

長崎市

宮崎県

BOAT RACE 大村

鹿児島県

九州地区

　ぜひ、お住まいの近くにボートレース場があれば行ってみ
てください。

　グルメを堪能するのもよし、そして地元の選手を応援する
のもよし！

　ちなみに夏には所属地区関係なく47都道府県の出身地代
表として戦うG2ボートレース甲子園という大会もあります。
自分と生まれ故郷が同じ選手を探して応援するのもあり！

　こうやってひいきの選手を作って見るボートレースも楽し
いですよ！

おわりに

　最後まで読んでいただきありがとうございました！

　この本はあくまでも私の偏った意見と知識、経験で書かせていただきました！　内容を鵜呑みにするのではなく、皆さんは好きなように予想して好きなように舟券を買う！　それがいちばんだと思っております。

　ただ、初心者の方にはボートレースの独特なルールをできるだけわかりやすくお伝えして、ボートレースに興味をもってもらい、予想の楽しみを知ってもらいたかった。

　あと、いちばん知っていただきたいのは、やっぱり主役はレーサー！　約1600人全員を覚えるのは難しいですが、1人でも2人でもレーサーを覚えて予想する、その考える楽しみを味わってもらえたらと思います。

　細川たかしさんの付き人のときに初めてボートレースと出会い、そしてボートレースを初めて見たときの興奮！　そのころの私は、まさかボートレースで仕事をしているなどとは思ってもいませんし、本まで出すことになるなんて……。

　本の帯を書いていただいた坂上忍さんとの出会いもボートレース番組。素敵なご縁に感謝しながら坂上さんのボート熱にボート愛を間近で勉強させてもらったのもかなりいい経験。

いや待てよ⁉　教えてもらったことって……、
「1 レース目がいちばん財布にお金がある！　それを 12 レ
ースもたす気持ちではなく、1 レース目でその財布の中身が
なくなったら ATM に行け！」

そんなありがたい言葉を胸に秘め……たらあかんねん！
みなさん「ご利用は計画的に！」です！
坂上さんもレーサーの生き様をしっかり舟券に取り入れる
タイプ。みなさんもレーサーの個性に性格、あらゆることに
興味をもっていただけたらなぁと思います。

最後に私が言いたいことは、当たればもちろん面白い！
でも、外れてもやっぱり面白い！　そんなボートレースをみ
なさん、「レッツ・ボートレース！」で楽しんでください！
私は全国各地のレース場に出没しますので、ぜひ気軽に声
をかけていただいてボートレ
ース談義でもしましょう！

では、この本の内容をあく
までも参考に！　ほんとに参
考までに……どんだけ言うね
ん！　ボートレースを楽しん
でください！

2023 年 9 月　永島知洋

著者紹介 〉〉〉〉

永島 知洋
Tomohiro Nagashima

1979年2月8日生まれ。
1998年にお笑いコンビ「ジャンファンカ」でデビューしたのち、細川たかしの付き人も経験。
そこでボートレースと出会い、その後はピン芸人として活動。役者やレポーターとして活動の傍ら、ボートレースをこよなく愛し続けてきた。
現在はテレビのボートレース中継やYouTubeでのレース配信、またレース場でのイベントなどで活躍中。レギュラー番組は多数！
ファンからは「ボートレース伝道師」としてボートレースの楽しさを発信し続ける先駆者として親しまれている。
モットーは「楽しく当てようボートレース！」
レーサーのことは永島に聞け！ 約1600人全選手をほぼ解説でき、ボートレースの楽しさをお届けする。これぞ、ボートレース伝道師なのだ!!

協力・スタッフ

写真	株式会社産業経済新聞社
	マクール
	天野憲仁（日本文芸社）
イラスト	みとり算
	イラストAC
カバーデザイン	田中國裕（トップスタジオ）
本文デザイン・DTP	所誠
協力	日本モーターボート競走会
	BOAT RACE OFFICIAL WEB
	ボートレース尼崎
	ボートレース宮島
	ボートレース下関
	ボートレース若松
	株式会社トランスワード

自分でレース予想を組み立てられるようになる！

究極のボートレースガイドブック

2023年10月1日 第1刷発行
2023年12月10日 第2刷発行

著 者	永島知洋
発行者	吉田芳史
印刷所	株式会社光邦
製本所	株式会社光邦
発行所	株式会社日本文芸社
	〒100-0003　東京都千代田区一ツ橋1-1-1 パレスサイドビル8F
	TEL.03-5224-6460（代表）

内容に関するお問い合わせは、
小社ウェブサイトお問い合わせフォームまでお願いいたします。
URL　https://www.nihonbungeisha.co.jp/

Printed in Japan 112230920-112231129 ⓃＯ02（100018）
ISBN978-4-537-22137-4
©Tomohiro Nagashima　2023
（編集担当：松下）